BIRMANISCH

WORTSCHATZ

FÜR DAS SELBSTSTUDIUM

DEUTSCH
BIRMANISCH

Die nützlichsten Wörter
Zur Erweiterung Ihres Wortschatzes und
Verbesserung der Sprachfertigkeit

5000 Wörter

Wortschatz Deutsch-Birmanisch für das Selbststudium - 5000 Wörter
Von Andrey Taranov

T&P Books Vokabelbücher sind dafür vorgesehen, beim Lernen einer Fremdsprache zu helfen, Wörter zu memorieren und zu wiederholen. Das Wörterbuch ist nach Themen aufgeteilt und deckt alle wichtigen Bereiche des täglichen Lebens, Berufs, Wissenschaft, Kultur etc. ab.

Durch das Benutzen der themenbezogenen T&P Books ergeben sich folgende Vorteile für den Lernprozess:

- Sachgemäß geordnete Informationen bestimmen den späteren Erfolg auf den darauffolgenden Stufen der Memorisierung
- Die Verfügbarkeit von Wörtern, die sich aus der gleichen Wurzel ableiten lassen, erlaubt die Memorisierung von Worteinheiten (mehr als bei einzeln stehenden Wörtern)
- Kleine Worteinheiten unterstützen den Aufbauprozess von assoziativen Verbindungen für die Festigung des Wortschatzes
- Die Kenntnis der Sprache kann aufgrund der Anzahl der gelernten Wörter eingeschätzt werden

T&P Books Publishing
www.tpbooks.com

ISBN: 978-1-83955-059-1

Dieses Buch ist auch im E-Book Format erhältlich.
Besuchen Sie uns auch auf www.tpbooks.com oder auf einer der bedeutenden Buchhandlungen online.

WORTSCHATZ DEUTSCH-BIRMANISCH
für das Selbststudium

Die Vokabelbücher von T&P Books sind dafür vorgesehen, Ihnen beim Lernen einer Fremdsprache zu helfen, Wörter zu memorieren und zu wiederholen. Der Wortschatz enthält über 5000 häufig gebrauchte, thematisch geordnete Wörter.

- Der Wortschatz enthält die am häufigsten benutzten Wörter
- Eignet sich als Ergänzung zu jedem Sprachkurs
- Erfüllt die Bedürfnisse von Anfängern und fortgeschrittenen Lernenden von Fremdsprachen
- Praktisch für den täglichen Gebrauch, zur Wiederholung und um sich selbst zu testen
- Ermöglicht es, Ihren Wortschatz einzuschätzen

Besondere Merkmale des Wortschatzes:

- Wörter sind entsprechend ihrer Bedeutung und nicht alphabetisch organisiert
- Wörter werden in drei Spalten präsentiert, um das Wiederholen und den Selbstüberprüfungsprozess zu erleichtern
- Wortgruppen werden in kleinere Einheiten aufgespalten, um den Lernprozess zu fördern
- Der Wortschatz bietet eine praktische und einfache Lautschrift jedes Wortes der Fremdsprache

Der Wortschatz hat 155 Themen, einschließlich:

Grundbegriffe, Zahlen, Farben, Monate, Jahreszeiten, Maßeinheiten, Kleidung und Accessoires, Essen und Ernährung, Restaurant, Familienangehörige, Verwandte, Charaktereigenschaften, Empfindungen, Gefühle, Krankheiten, Großstadt, Kleinstadt, Sehenswürdigkeiten, Einkaufen, Geld, Haus, Zuhause, Büro, Import & Export, Marketing, Arbeitssuche, Sport, Ausbildung, Computer, Internet, Werkzeug, Natur, Länder, Nationalitäten und vieles mehr...

INHALT

LEITFADEN FÜR DIE AUSSPRACHE

Anmerkungen

MLC Transcription System (MLCTS) wird in diesem Buch als Transkription verwendet.
Eine Beschreibung dieses Systems finden Sie hier:
https://en.wiktionary.org/wiki/Wiktionary:Burmese_transliteration
https://en.wikipedia.org/wiki/MLC_Transcription_System

ABKÜRZUNGEN
die im Vokabular verwendet werden

Deutsch. Abkürzungen

Adj	-	Adjektiv
Adv	-	Adverb
Amtsspr.	-	Amtssprache
f	-	Femininum
f, n	-	Femininum, Neutrum
Fem.	-	Femininum
m	-	Maskulinum
m, f	-	Maskulinum, Femininum
m, n	-	Maskulinum, Neutrum
Mask.	-	Maskulinum
n	-	Neutrum
pl	-	Plural
Sg.	-	Singular
ugs.	-	umgangssprachlich
unzähl.	-	unzählbar
usw.	-	und so weiter
v mod	-	Modalverb
vi	-	intransitives Verb
vi, vt	-	intransitives, transitives Verb
vt	-	transitives Verb
zähl.	-	zählbar
z.B.	-	zum Beispiel

GRUNDBEGRIFFE

Grundbegriffe. Teil 1

1. Pronomen

ich	ကျွန်ုပ်	kjunou'
du	သင်	thin
er	သူ	thu
sie	သူမ	thu ma.
es	၎င်း	jin:
wir	ကျွန်ုပ်တို့	kjunou' tou.
wir (Mask.)	ကျွန်တော်တို့	kjun do. dou.
wir (Fem.)	ကျွန်မတို့	kjun ma. tou.
ihr	သင်တို့	thin dou.
Sie (Sg.)	သင်	thin
Sie (pl)	သင်တို့	thin dou.
sie (Mask.)	သူတို့	thu dou.
sie (Fem.)	သူမတို့	thu ma. dou.

2. Grüße. Begrüßungen. Verabschiedungen

Hallo! (ugs.)	မင်္ဂလာပါ	min ga. la ba
Hallo! (Amtsspr.)	မင်္ဂလာပါ	min ga. la ba
Guten Morgen!	မင်္ဂလာနံနက်ခင်းပါ	min ga. la nan ne' gin: ba
Guten Tag!	မင်္ဂလာနေ့လယ်ခင်းပါ	min ga. la nei. le gin: ba
Guten Abend!	မင်္ဂလာညနေခင်းပါ	min ga. la nja nei gin: ba
grüßen (vi, vt)	နှုတ်ဆက်သည်	hnou' hsei' te
Hallo! (ugs.)	ဟိုင်း	hain:
Gruß (m)	ဟလို	ha. lou
begrüßen (vt)	နှုတ်ဆက်သည်	hnou' hsei' te
Wie geht's?	နေကောင်းလား	nei gaun: la:
Wie geht es Ihnen?	နေကောင်းပါသလား	nei gaun: ba dha la:
Wie geht's dir?	အဆင်ပြေလား	ahsin bjei la:
Was gibt es Neues?	ဘာထူးသေးလဲ	ba du: dei: le:
Auf Wiedersehen!	နောက်မှတွေ့ကြမယ်	nau' hma. dwei. gja. me
Auf Wiedersehen!	ဂွတ်ဘိုင်	gu' bain
Wiedersehen! Tschüs!	တာ့တာ	ta. da
Bis bald!	မကြာခင်ပြန်ဆုံကြမယ်	ma gja. gin bjan zoun gja. me
Lebe wohl!	နှုတ်ဆက်ပါတယ်	hnou' hsei' pa de
Leben Sie wohl!	နှုတ်ဆက်ပါတယ်	hnou' hsei' pa de
sich verabschieden	နှုတ်ဆက်သည်	hnou' hsei' te

Tschüs!	တာ့တာ	ta. da
Danke!	ကျေးဇူးတင်ပါတယ်	kjei: zu: din ba de
Dankeschön!	ကျေးဇူးအများကြီးတင်ပါတယ်	kjei: zu: amja: kji: din ba de
Bitte (Antwort)	ရပါတယ်	ja. ba de
Keine Ursache.	ကိစ္စမရှိပါဘူး	kei. sa ma. shi. ba bu:
Nichts zu danken.	ရပါတယ်	ja. ba de
Entschuldigen Sie!	ကျေးဇူးပြုပါ/ခွင့်ပြုပါ	kjei: zu: pju. ba/ khwin bju ba
Entschuldige!	ဆောရီးနော်	hso: ji: no:
Entschuldigung!	တောင်းပန်ပါတယ်	thaun: ban ba de
entschuldigen (vt)	ခွင့်လွှတ်သည်	khwin. hlu' te
sich entschuldigen	တောင်းပန်သည်	thaun: ban de
Verzeihung!	တောင်းပန်ပါတယ်	thaun: ban ba de
Es tut mir leid!	ခွင့်လွှတ်ပါ	khwin. hlu' pa
verzeihen (vt)	ခွင့်လွှတ်သည်	khwin. hlu' te
Das macht nichts!	ကိစ္စမရှိပါဘူး	kei. sa ma. shi. ba bu:
bitte (Die Rechnung, ~!)	ကျေးဇူးပြု၍	kjei: zu: pju. i.
Nicht vergessen!	မမေ့ပါနဲ့	ma. mei. ba ne.
Natürlich!	ရတာပေါ့	ja. da bo.
Natürlich nicht!	မဟုတ်တာသေချာတယ်	ma hou' ta dhei gja de
Gut! Okay!	သဘောတူတယ်	dhabo: tu de
Es ist genug!	တော်ပြီ	to bji

3. Jemanden ansprechen

Entschuldigen Sie!	ခွင့်ပြုပါ	khwin. bju. ba
Herr	ဦး	u:
Frau	ဒေါ်	do
Frau (Fräulein)	မိန်းကလေး	mein: ga. lei:
Junger Mann	လူငယ်	lu nge
Junge	ကောင်ကလေး	keaagkle:
Mädchen	ကောင်မလေး	kaun ma. lei:

4. Grundzahlen. Teil 1

null	သုည	thoun nja.
eins	တစ်	ti'
zwei	နှစ်	hni'
drei	သုံး	thoun:
vier	လေး	lei:
fünf	ငါး	nga:
sechs	ခြောက်	chau'
sieben	ခုနှစ်	khun hni'
acht	ရှစ်	shi'
neun	ကိုး	kou:
zehn	တစ်ဆယ်	ti' hse
elf	တစ်ဆယ့်တစ်	ti' hse. ti'
zwölf	တစ်ဆယ့်နှစ်	ti' hse. hni'

12

dreizehn	တစ်ဆယ့်သုံး	ti' hse. thoun:
vierzehn	တစ်ဆယ့်လေး	ti' hse. lei:
fünfzehn	တစ်ဆယ့်ငါး	ti' hse. nga:
sechzehn	တစ်ဆယ့်ခြောက်	ti' hse. khau'
siebzehn	တစ်ဆယ့်ခုနှစ်	ti' hse. khu ni'
achtzehn	တစ်ဆယ့်ရှစ်	ti' hse. shi'
neunzehn	တစ်ဆယ့်ကိုး	ti' hse. gou:
zwanzig	နှစ်ဆယ်	hni' hse
einundzwanzig	နှစ်ဆယ့်တစ်	hni' hse. ti'
zweiundzwanzig	နှစ်ဆယ့်နှစ်	hni' hse. hni'
dreiundzwanzig	နှစ်ဆယ့်သုံး	hni' hse. thuan:
dreißig	သုံးဆယ်	thoun: ze
einunddreißig	သုံးဆယ့်တစ်	thoun: ze. di'
zweiunddreißig	သုံးဆယ့်နှစ်	thoun: ze. hni'
dreiunddreißig	သုံးဆယ့်သုံး	thoun: ze. dhoun:
vierzig	လေးဆယ်	lei: hse
einundvierzig	လေးဆယ့်တစ်	lei: hse. ti'
zweiundvierzig	လေးဆယ့်နှစ်	lei: hse. hni'
dreiundvierzig	လေးဆယ့်သုံး	lei: hse. thaun:
fünfzig	ငါးဆယ်	nga: ze
einundfünfzig	ငါးဆယ့်တစ်	nga: ze di'
zweiundfünfzig	ငါးဆယ့်နှစ်	nga: ze hni'
dreiundfünfzig	ငါးဆယ့်သုံး	nga: ze dhoun:
sechzig	ခြောက်ဆယ်	chau' hse
einundsechzig	ခြောက်ဆယ့်တစ်	chau' hse. di'
zweiundsechzig	ခြောက်ဆယ့်နှစ်	chau' hse. hni'
dreiundsechzig	ခြောက်ဆယ့်သုံး	chau' hse. dhoun:
siebzig	ခုနှစ်ဆယ်	khun hni' hse.
einundsiebzig	ခုနှစ်ဆယ့်တစ်	qunxcy•tx
zweiundsiebzig	ခုနှစ်ဆယ့်နှစ်	khun hni' hse. hni
dreiundsiebzig	ခုနှစ်ဆယ့်သုံး	khu. ni' hse. dhoun:
achtzig	ရှစ်ဆယ်	shi' hse
einundachtzig	ရှစ်ဆယ့်တစ်	shi' hse. ti'
zweiundachtzig	ရှစ်ဆယ့်နှစ်	shi' hse. hni'
dreiundachtzig	ရှစ်ဆယ့်သုံး	shi' hse. dhun:
neunzig	ကိုးဆယ်	kou: hse
einundneunzig	ကိုးဆယ့်တစ်	kou: hse. ti'
zweiundneunzig	ကိုးဆယ့်နှစ်	kou: hse. hni'
dreiundneunzig	ကိုးဆယ့်သုံး	kou: hse. dhaun:

5. Grundzahlen. Teil 2

einhundert	တစ်ရာ	ti' ja
zweihundert	နှစ်ရာ	hni' ja
dreihundert	သုံးရာ	thoun: ja

| vierhundert | ေလးရာ | lei: ja |
| fünfhundert | ငါးရာ | nga: ja |

sechshundert	ေျခာက်ရာ	chau' ja
siebenhundert	ခုနစ်ရာ	khun hni' ja
achthundert	ရှစ်ရာ	shi' ja
neunhundert	ကိုးရာ	kou: ja

eintausend	တစ်ေထာင်	ti' htaun
zweitausend	နှစ်ေထာင်	hni' taun
dreitausend	သုံးေထာင်	thoun: daun
zehntausend	တစ်ေသာင်း	ti' thaun:
hunderttausend	တစ်သိန်း	ti' thein:
Million (f)	တစ်သန်း	ti' than:
Milliarde (f)	ဘီလီယံ	bi li jan

6. Ordnungszahlen

der erste	ပထမ	pahtama.
der zweite	ဒုတိယ	du. di. ja.
der dritte	တတိယ	tati. ja.
der vierte	စတုတ္ထ	zadou' hta.
der fünfte	ပဉ္စမ	pjin sama.

der sechste	ဆဋ္ဌမ	hsa. htama.
der siebte	သတ္တမ	tha' tama.
der achte	အဋ္ဌမ	a' htama.
der neunte	နဝမ	na. wa. ma.
der zehnte	ဒသမ	da dha ma

7. Zahlen. Brüche

Bruch (m)	အပိုင်းကိန်း	apain: gein:
Hälfte (f)	နှစ်ပိုင်းတစ်ပိုင်း	hni' bain: di' bain:
Drittel (n)	သုံးပိုင်းတစ်ပိုင်း	thoun: bain: di' bain:
Viertel (n)	ေလးပိုင်းတစ်ပိုင်း	lei: bain: ti' pain:

Achtel (m, n)	ရှစ်ပိုင်းတစ်ပိုင်း	shi' bain: di' bain:
Zehntel (n)	ဆယ်ပိုင်းတစ်ပိုင်း	hse bain: da' bain:
zwei Drittel	သုံးပိုင်နှစ်ပိုင်း	thoun: bain: hni' bain:
drei Viertel	ေလးပိုင်းသုံးပိုင်း	lei: bain: dhoun: bain:

8. Zahlen. Grundrechenarten

Subtraktion (f)	နုတ်ျခင်း	nou' khjin:
subtrahieren (vt)	နုတ်သည်	nou' te
Division (f)	စားျခင်း	sa: gjin:
dividieren (vt)	စားသည်	sa: de
Addition (f)	ေပါင်းျခင်း	paun: gjin:
addieren (vt)	ေပါင်းသည်	paun: de

hinzufügen (vt)	ထပ်ပေါင်းသည်	hta' paun: de
Multiplikation (f)	မြှောက်ခြင်း	hmjau' chin:
multiplizieren (vt)	မြှောက်သည်	hmjau' de

9. Zahlen. Verschiedenes

Ziffer (f)	။ကိန်းဂဏန်း	kein: ga nan:
Zahl (f)	ကိန်း	kein:
Zahlwort (n)	ဂဏန်းအက္ခရာ	ganan: e' kha ja
Minus (n)	အနုတ်	ahnou'
Plus (n)	အပေါင်း	apaun:
Formel (f)	ပုံသေနည်း	poun dhei ne:
Berechnung (f)	တွက်ချက်ခြင်း	twe' che' chin:
zählen (vt)	ရေတွက်သည်	jei dwe' te
berechnen (vt)	ရေတွက်သည်	jei dwe' te
vergleichen (vt)	နှိုင်းယှဉ်သည်	hnain: shin de
Wie viel, -e?	ဘယ်လောက်လဲ	be lau' le:
Summe (f)	ပေါင်းလဒ်	paun: la'
Ergebnis (n)	ရလဒ်	jala'
Rest (m)	အကြွင်း	akjwin:
einige (~ Tage)	အချို့	achou.
wenig (Adv)	အနည်းငယ်	ane: nge
einige, ein paar	အနည်းငယ်	ane: nge
wenig (es kostet ~)	အနည်းငယ်	ane: nge
Übrige (n)	ကျန်သော	kjan de.
anderthalb	တစ်ခုခွဲ	ti' khu. khwe:
Dutzend (n)	ဒါဇင်	da zin
entzwei (Adv)	တစ်ဝက်စီ	ti' we' si
zu gleichen Teilen	ညီတူညီမျှ	nji du nji hmja.
Hälfte (f)	တစ်ဝက်	ti' we'
Mal (n)	ကြိမ်	kjein

10. Die wichtigsten Verben. Teil 1

abbiegen (nach links ~)	ကွေ့သည်	kwei. de
abschicken (vt)	ပို့သည်	pou. de
ändern (vt)	ပြောင်းလဲသည်	pjaun: le: de
andeuten (vt)	အရိပ်အမြွက်ပေးသည်	aji' ajmwe' pei: de
Angst haben	ကြောက်သည်	kjau' te
ankommen (vi)	ရောက်သည်	jau' te
antworten (vi)	ဖြေသည်	hpjei de
arbeiten (vi)	အလုပ်လုပ်သည်	alou' lou' te
auf ... zählen	အားကိုးသည်	a: kou: de
aufbewahren (vt)	ထိန်းထားသည်	htein: da: de
aufschreiben (vt)	ရေးထားသည်	jei: da: de
ausgehen (vi)	ထွက်သည်	htwe' te

aussprechen (vt)	အသံထွက်သည်	athan dwe' te
bedauern (vt)	နှောင်တရသည်	naun da. ja. de
bedeuten (vt)	ဆိုလိုသည်	hsou lou de
beenden (vt)	ပြီးသည်	pji: de

befehlen (Milit.)	အမိန့်ပေးသည်	amin. bei: de
befreien (Stadt usw.)	လွတ်မြောက်စေသည်	lu' mjau' sei de
beginnen (vt)	စတင်သည်	sa. tin de
bemerken (vt)	သတိထားမိသည်	dhadi. da: mi. de
beobachten (vt)	စောင့်ကြည့်သည်	saun. gji. de

berühren (vt)	ကိုင်သည်	kain de
besitzen (vt)	ပိုင်ဆိုင်သည်	pain zain de
besprechen (vt)	ဆွေးနွေးသည်	hswe: nwe: de
bestehen auf	တိုက်တွန်းပြောဆိုသည်	tou' tun: bjo: zou de
bestellen (im Restaurant)	မှာသည်	hma de

bestrafen (vt)	အပြစ်ပေးသည်	apja' pei: de
beten (vi)	ရှိုးသည်	shi. gou: de
bitten (vt)	တောင်းဆိုသည်	taun: hsou: de
brechen (vt)	ချက်ဆီးသည်	hpje' hsi: de
denken (vi, vt)	ထင်သည်	htin de

drohen (vi)	ခြိမ်းခြောက်သည်	chein: gjau' te
Durst haben	ရေတောသည်	jei za de
einladen (vt)	ဖိတ်သည်	hpi' de
einstellen (vt)	ရပ်သည်	ja' te
einwenden (vt)	ငြင်းသည်	njin: de
empfehlen (vt)	အကြံပြုထောက်ခံသည်	akjan pju htau' khan de

erklären (vt)	ရှင်းပြသည်	shin: bja. de
erlauben (vt)	ခွင့်ပြုသည်	khwin bju. de
ermorden (vt)	သတ်သည်	tha' te
erwähnen (vt)	ဖော်ပြသည်	hpjo bja. de
existieren (vi)	တည်ရှိသည်	ti shi. de

11. Die wichtigsten Verben. Teil 2

fallen (vi)	ကျဆင်းသည်	kja zin: de
fallen lassen	ဖြုတ်ချသည်	hpjou' cha. de
fangen (vt)	ဖမ်းသည်	hpan: de
finden (vt)	ရှာတွေ့သည်	sha dwei. de
fliegen (vi)	ပျံသန်းသည်	pjan dan: de

folgen (Folge mir!)	လိုက်သည်	lai' te
fortsetzen (vt)	ဆက်လုပ်သည်	hse' lou' te
fragen (vt)	မေးသည်	mei: de
frühstücken (vi)	နံနက်စာစားသည်	nan ne' za za: de
geben (vt)	ပေးသည်	pei: de

gefallen (vi)	ကြိုက်သည်	kjai' de
gehen (zu Fuß gehen)	သွားသည်	thwa: de
gehören (vi)	ပိုင်ဆိုင်သည်	pain zain de
graben (vt)	တူးသည်	tu: de

haben (vt)	ရှိသည်	shi. de
helfen (vi)	ကူညီသည်	ku nji de
herabsteigen (vi)	ဆင်းသည်	hsin: de
hereinkommen (vi)	ဝင်သည်	win de

hoffen (vi)	မျှော်လင့်သည်	hmjo. lin. de
hören (vt)	ကြားသည်	ka: de
hungrig sein	ဗိုက်ဆာသည်	bai' hsa de
informieren (vt)	အကြောင်းကြားသည်	akjaun: kja: de
jagen (vi)	အမဲလိုက်သည်	ame: lai' de

kennen (vt)	သိသည်	thi. de
klagen (vi)	တိုင်ပြောသည်	tain bjo: de
können (v mod)	တတ်နိုင်သည်	ta' nain de
kontrollieren (vt)	ထိန်းချုပ်သည်	htein: gjou' te
kosten (vt)	ကုန်ကျသည်	koun kja de

kränken (vt)	စော်ကားသည်	so ga: de
lächeln (vi)	ပြုံးသည်	pjoun: de
lachen (vi)	ရယ်သည်	je de
laufen (vi)	ပြေးသည်	pjei: de
leiten (Betrieb usw.)	ညွှန်ကြားသည်	hnjun gja: de

lernen (vt)	သင်ယူလေ့လာသည်	thin ju lei. la de
lesen (vi, vt)	ဖတ်သည်	hpa' te
lieben (vt)	ချစ်သည်	chi' te
machen (vt)	ပြုလုပ်သည်	pju. lou' te

mieten (Haus usw.)	ငှားသည်	hnga: de
nehmen (vt)	ယူသည်	ju de
noch einmal sagen	ထပ်လုပ်သည်	hta' lou' te
nötig sein	အလိုရှိသည်	alou' shi. de
öffnen (vt)	ဖွင့်သည်	hpwin. de

12. Die wichtigsten Verben. Teil 3

planen (vt)	စီစဉ်သည်	si zin de
prahlen (vi)	ကြွားသည်	kjwa: de
raten (vt)	အကြံပေးသည်	akjan bei: de
rechnen (vt)	ရေတွက်သည်	jei dwe' te
reservieren (vt)	မှာသည်	hma de

retten (vt)	ကယ်ဆယ်သည်	ke ze de
richtig raten (vt)	မှန်းသည်	hman za de
rufen (um Hilfe ~)	ခေါ်သည်	kho de
sagen (vt)	ပြောသည်	pjo: de
schaffen (Etwas Neues zu ~)	ဖန်တီးသည်	hpan di: de

schelten (vt)	ဆူသည်	hsu. de
schießen (vi)	ပစ်သည်	pi' te
schmücken (vt)	အလှဆင်သည်	ahla. zin dhe
schreiben (vi, vt)	ရေးသည်	jei: de
schreien (vi)	အော်သည်	o de
schweigen (vi)	နှုတ်ဆိတ်သည်	hnou' hsei' te

schwimmen (vi)	ရေကူးသည်	jei ku: de
schwimmen gehen	ရေကူးသည်	jei ku: de
sehen (vi, vt)	မြင်သည်	mjin de
sein (Lehrer ~)	ဖြစ်သည်	hpji' te

sein (müde ~)	ဖြစ်နေသည်	hpji' nei de
sich beeilen	လောသည်	lo de
sich entschuldigen	တောင်းပန်သည်	thaun: ban de

sich interessieren	စိတ်ဝင်စားသည်	sei' win za: de
sich irren	မှားသည်	hma: de
sich setzen	ထိုင်သည်	htain de
sich weigern	ငြင်းဆန်သည်	njin: zan de
spielen (vi, vt)	ကစားသည်	gaza: de

sprechen (vi)	ပြောသည်	pjo: de
staunen (vi)	အံ့သြသည်	an. o. de
stehlen (vt)	ခိုးသည်	khou: de
stoppen (vt)	ရပ်သည်	ja' te
suchen (vt)	ရှာသည်	sha de

13. Die wichtigsten Verben. Teil 4

täuschen (vt)	လိမ်ပြောသည်	lain bjo: de
teilnehmen (vi)	ပါဝင်သည်	pa win de
übersetzen (Buch usw.)	ဘာသာပြန်သည်	ba dha bjan de
unterschätzen (vt)	လျှော့တွက်သည်	sho. dwe' de
unterschreiben (vt)	လက်မှတ်ထိုးသည်	le' hma' htou: de

vereinigen (vt)	ပေါင်းစည်းသည်	paun: ze: de
vergessen (vt)	မေ့သည်	mei. de
vergleichen (vt)	နှိုင်းယှဉ်သည်	hnain: shin de
verkaufen (vt)	ရောင်းသည်	jaun: de
verlangen (vt)	တိုက်တွန်းသည်	tai' tun: de

versäumen (vt)	ပျက်ကွက်သည်	pje' kwe' te
versprechen (vt)	ကတိပေးသည်	gadi pei: de
verstecken (vt)	ဖုံးကွယ်သည်	hpoun: gwe de
verstehen (vt)	နားလည်သည်	na: le de
versuchen (vt)	စမ်းကြည့်သည်	san: kji. de

verteidigen (vt)	ကာကွယ်သည်	ka gwe de
vertrauen (vi)	ယုံကြည်သည်	joun kji de
verwechseln (vt)	ရောထွေးသည်	jo: dwei: de
verzeihen (vi, vt)	ခွင့်လွှတ်သည်	khwin. hlu' te
verzeihen (vt)	ခွင့်လွှတ်သည်	khwin. hlu' te
voraussehen (vt)	ကြိုမြင်သည်	kjou mjin de

vorschlagen (vt)	အဆိုပြုသည်	ahsou bju. de
vorziehen (vt)	ပိုကြိုက်သည်	pou gjai' te
wählen (vt)	ရွေးသည်	jwei: de
warnen (vt)	သတိပေးသည်	dhadi. pei: de
warten (vi)	စောင့်သည်	saun. de
weinen (vi)	ငိုသည်	ngou de

wissen (vt)	သိသည်	thi. de
Witz machen	စနောက်သည်	sanau' te
wollen (vt)	လိုချင်သည်	lou gjin de
zahlen (vt)	ပေးရှေ့သည်	pei: gjei de
zeigen (jemandem etwas)	ပြသည်	pja. de

zu Abend essen	ညစာစားသည်	nja. za za: de
zu Mittag essen	နေ့လယ်စာစားသည်	nei. le za za de
zubereiten (vt)	ချက်ပြုတ်သည်	che' pjou' te
zustimmen (vi)	သဘောတူသည်	dhabo: tu de
zweifeln (vi)	သံသယဖြစ်သည်	than thaja. bji' te

14. Farben

Farbe (f)	အရောင်	ajaun
Schattierung (f)	အသွေးအဆင်း	athwei: ahsin:
Farbton (m)	အရောင်အသွေး	ajaun athwei:
Regenbogen (m)	သက်တံ	the' tan

weiß	အဖြူရောင်	ahpju jaun
schwarz	အနက်ရောင်	ane' jaun
grau	ခဲရောင်	khe: jaun

grün	အစိမ်းရောင်	asain: jaun
gelb	အဝါရောင်	awa jaun
rot	အနီရောင်	ani jaun

blau	အပြာရောင်	apja jaun
hellblau	အပြာနုရောင်	apja nu. jaun
rosa	ပန်းရောင်	pan: jaun
orange	လိမ္မော်ရောင်	limmo jaun
violett	ခရမ်းရောင်	khajan: jaun
braun	အညိုရောင်	anjou jaun

golden	ရွှေရောင်	shwei jaun
silbrig	ငွေရောင်	ngwei jaun

beige	ဝါညိုနုရောင်	wa njou nu. jaun
cremefarben	နို့ခရောင်	nou. hni' jaun
türkis	စိမ်းပြာရောင်	sein: bja jaun
kirschrot	ချယ်ရီရောင်	che ji jaun

lila	ခရမ်းဖျော့ရောင်	khajan: bjo. jaun
himbeerrot	ကြက်သွေးရောင်	kje' thwei: jaun

hell	အရောင်ဖျော့သော	ajaun bjo. de.
dunkel	အရောင်ရင့်သော	ajaun jin. de.
grell	တောက်ပသော	tau' pa. de.

Farb- (z.B. -stifte)	အရောင်ရှိသော	ajaun shi. de.
Farb- (z.B. -film)	ရောင်စုံ	jau' soun
schwarz-weiß	အဖြူအမည်း	ahpju ame:
einfarbig	တစ်ရောင်တည်းရှိသော	ti' jaun te: shi. de.
bunt	အရောင်စုံသော	ajaun zoun de.

15. Fragen

Wer?	ဘယ်သူလဲ	be dhu le:
Was?	ဘာလဲ	ba le:
Wo?	ဘယ်မှာလဲ	be hma le:
Wohin?	ဘယ်ကိုလဲ	be gou le:
Woher?	ဘယ်ကလဲ	be ga. le:
Wann?	ဘယ်တော့လဲ	be do. le:
Wozu?	ဘာအတွက်လဲ	ba atwe' le:
Warum?	ဘာကြောင့်လဲ	ba gjaun. le:
Wofür?	ဘာအတွက်လဲ	ba atwe' le:
Wie?	ဘယ်လိုလဲ	be lau le:
Welcher?	ဘယ်လိုမျိုးလဲ	be lau mjou: le:
Wem?	ဘယ်သူ့ကိုလဲ	be dhu. gou le:
Über wen?	ဘယ်သူ့အကြောင်းလဲ	be dhu. kjaun: le:
Wovon? (~ sprichst du?)	ဘာအကြောင်းလဲ	ba akjain: le:
Mit wem?	ဘယ်သူနဲ့လဲ	be dhu ne. le:
Wie viel? Wie viele?	ဘယ်လောက်လဲ	be lau' le:
Wessen?	ဘယ်သူ့	be dhu.

16. Präpositionen

mit (Frau ~ Katzen)	နဲ့အတူ	ne. atu
ohne (~ Dich)	မပါဘဲ	ma. ba be:
nach (~ London)	သို့	thou.
über (~ Geschäfte sprechen)	အကြောင်း	akjaun:
vor (z.B. ~ acht Uhr)	မတိုင်မီ	ma. dain mi
vor (z.B. ~ dem Haus)	ရှေ့မှာ	shei. hma
unter (~ dem Schirm)	အောက်မှာ	au' hma
über (~ dem Meeresspiegel)	အပေါ်မှာ	apo hma
auf (~ dem Tisch)	အပေါ်	apo
aus (z.B. ~ München)	မှ	hma.
aus (z.B. ~ Porzellan)	ဖြင့်	hpjin.
in (~ zwei Tagen)	နောက်	nau'
über (~ zaun)	ဖြတ်လျက်	hpja' lje'

17. Funktionswörter. Adverbien. Teil 1

Wo?	ဘယ်မှာလဲ	be hma le:
hier	ဒီမှာ	di hma
dort	ဟိုမှာ	hou hma.
irgendwo	တစ်နေရာရာမှာ	ti' nei ja ja hma
nirgends	ဘယ်မှာမှ	be hma hma.
an (bei)	နားမှာ	na: hma
am Fenster	ပြတင်းပေါက်နားမှာ	badin: pau' hna: hma

Wohin?	ဘယ်ကိုလဲ	be gou le:
hierher	ဒီဘက်ကို	di be' kou
dahin	ဟိုဘက်ကို	hou be' kou
von hier	ဒီဘက်မှ	di be' hma
von da	ဟိုဘက်မှ	hou be' hma.

nah (Adv)	နီးသည်	ni: de
weit, fern (Adv)	အဝေးမှာ	awei: hma

in der Nähe von ...	နားမှာ	na: hma
in der Nähe	ဘေးမှာ	bei: hma
unweit (~ unseres Hotels)	မနီးမဝေး	ma. ni ma. wei:

link (Adj)	ဘယ်	be
links (Adv)	ဘယ်ဘက်မှာ	be be' hma
nach links	ဘယ်ဘက်	be be'

recht (Adj)	ညာဘက်	nja be'
rechts (Adv)	ညာဘက်မှာ	nja be' hma
nach rechts	ညာဘက်	nja be'

vorne (Adv)	ရှေ့မှာ	shei. hma
Vorder-	ရှေ့	shei.
vorwärts	ရှေ့	shei.

hinten (Adv)	နောက်မှာ	nau' hma
von hinten	နောက်က	nau' ka.
rückwärts (Adv)	နောက်	nau'

Mitte (f)	အလယ်	ale
in der Mitte	အလယ်မှာ	ale hma

seitlich (Adv)	ဘေးမှာ	bei: hma
überall (Adv)	နေရာတိုင်းမှာ	nei ja dain: hma
ringsherum (Adv)	ပတ်လည်မှာ	pa' le hma

von innen (Adv)	အထဲမှ	a hte: hma.
irgendwohin (Adv)	တစ်နေရာရာကို	ti' nei ja ja gou
geradeaus (Adv)	တိုက်ရိုက်	tai' jai'
zurück (Adv)	အပြန်	apjan

irgendwoher (Adv)	တစ်နေရာရာမှ	ti' nei ja ja hma.
von irgendwo (Adv)	တစ်နေရာရာမှ	ti' nei ja ja hma.

erstens	ပထမအနေဖြင့်	pahtama. anei gjin.
zweitens	ဒုတိယအနေဖြင့်	du. di. ja. anei bjin.
drittens	တတိယအနေဖြင့်	tati. ja. anei bjin.

plötzlich (Adv)	မတော်တဆ	ma. do da. za.
zuerst (Adv)	အစမှာ	asa. hma
zum ersten Mal	ပထမဆုံး	pahtama. zoun:
lange vor...	မတိုင်ခင် အတော်လေး အလိုက	ma. dain gin ato: lei: alou ga.
von Anfang an	အသစ်တဖန်	athi' da. ban
für immer	အမြဲတမ်း	amje: dan:
nie (Adv)	ဘယ်တော့မှ	be do hma.
wieder (Adv)	တဖန်	tahpan

jetzt (Adv)	အခုတော့	akhu dau.
oft (Adv)	ခဏခဏ	khana. khana.
damals (Adv)	ထိုသို့ဖြစ်လျှင်	htou dhou. bji' shin
dringend (Adv)	အမြန်	aman
gewöhnlich (Adv)	ပုံမှန်	poun hman
übrigens, ...	စကားမစပ်	zaga: ma. za'
möglicherweise (Adv)	ဖြင်နိုင်သည်	hpjin nain de
wahrscheinlich (Adv)	ဖြစ်နိုင်သည်	hpji' nein de
vielleicht (Adv)	ဖြစ်နိုင်သည်	hpji' nein de
außerdem ...	ဒါ့အပြင်	da. apjin
deshalb ...	ဒါကြောင့်	da gjaun.
trotz ...	သော်လည်း	tho lei:
dank ...	ကြောင့်	kjaun.
was (~ ist denn?)	ဘာ	ba
das (~ ist alles)	ဟု	hu
etwas	တစ်ခုခု	ti' khu. gu.
irgendwas	တစ်ခုခု	ti' khu. gu.
nichts	ဘာမှ	ba hma.
wer (~ ist ~?)	ဘယ်သူ	be dhu.
jemand	တစ်ယောက်ယောက်	ti' jau' jau'
irgendwer	တစ်ယောက်ယောက်	ti' jau' jau'
niemand	ဘယ်သူမှ	be dhu hma.
nirgends	ဘယ်ကိုမှ	be gou hma.
niemandes (~ Eigentum)	ဘယ်သူမှမပိုင်သော	be dhu hma ma. bain de.
jemandes	တစ်ယောက်ယောက်ရဲ့	ti' jau' jau' je.
so (derart)	ဒီလို	di lou
auch	ထို့ပြင်လည်း	htou. bjin le:
ebenfalls	လည်းဘဲ	le: be:

18. Funktionswörter. Adverbien. Teil 2

Warum?	ဘာကြောင့်လဲ	ba gjaun. le:
aus irgendeinem Grund	တစ်ခုခုကြောင့်	ti' khu. gu. gjaun.
weil ...	အဘယ်ကြောင့်ဆိုသော်	abe gjo:n. zou dho
zu irgendeinem Zweck	တစ်ခုခုအတွက်	ti' khu. gu. atwe'
und	နှင့်	hnin.
oder	သို့မဟုတ်	thou. ma. hou'
aber	ဒါပေမဲ့	da bei me.
für (präp)	အတွက်	atwe'
zu (~ viele)	အလွန်	alun
nur (~ einmal)	သာ	tha
genau (Adv)	အတိအကျ	ati. akja.
etwa	ခန့်	khan.
ungefähr (Adv)	ခန့်မှန်းခြေအားဖြင့်	khan hman: gjei a: bjin.
ungefähr (Adj)	ခန့်မှန်းခြေဖြစ်သော	khan hman: gjei bji' te.
fast	နီးပါး	ni: ba:

Übrige (n)	ကျန်ေသာ	kjan de.
der andere	တခြားေသာ	tacha: de.
andere	အခြားေသာ	apja: de.
jeder (~ Mann)	တိုင်း	tain:
beliebig (Adj)	မဆို	ma. zou
viel (zähl.)	အေြမာက်အများ	amjau' amja:
viel (unzähl.)	အများကြီး	amja: gji:
viele Menschen	များစွာေသာ	mja: zwa de.
alle (wir ~)	အားလုံး	a: loun:

im Austausch gegen ...	အစား	asa:
dafür (Adv)	အစား	asa:
mit der Hand (Hand-)	လက်ြဖင့်	le' hpjin.
schwerlich (Adv)	ြဖစ်နိုင်ေြခ နည်းသည်	hpji' nain gjei ni: de

wahrscheinlich (Adv)	ြဖစ်နိုင်သည်	hpji' nein de
absichtlich (Adv)	တမင်	tamin
zufällig (Adv)	အမှတ်တမဲ့	ahma' ta. me.

sehr (Adv)	သိပ်	thei'
zum Beispiel	ဥပမာအားြဖင့်	upama a: bjin.
zwischen	ကြား	kja:
unter (Wir sind ~ Mördern)	ကြားထဲတွင်	ka: de: dwin:
so viele (~ Ideen)	ဒီေလာက်	di lau'
besonders (Adv)	အထူးသြဖင့်	a htu: dha. hjin.

Grundbegriffe. Teil 2

19. Wochentage

Montag (m)	တနင်္လာ	tanin: la
Dienstag (m)	အင်္ဂါ	in ga
Mittwoch (m)	ဗုဒ္ဓဟူး	bou' da. hu:
Donnerstag (m)	ကြာသပတေး	kja dha ba. dei:
Freitag (m)	သောကြာ	thau' kja
Samstag (m)	စနေ	sanei
Sonntag (m)	တနင်္ဂနွေ	tanin: ganwei

heute	ယနေ့	ja. nei.
morgen	မနက်ဖြန်	mane' bjan
übermorgen	သဘက်ခါ	dhabe' kha
gestern	မနေ့က	ma. nei. ka.
vorgestern	တနေ့က	ta. nei. ga.

Tag (m)	နေ့	nei.
Arbeitstag (m)	ရုံးဖွင့်ရက်	joun: hpwin je'
Feiertag (m)	ပွဲတော်ရက်	pwe: do je'
freier Tag (m)	ရုံးပိတ်ရက်	joun: bei' je'
Wochenende (n)	ရုံးပိတ်ရက်များ	joun: hpwin je' mja:

den ganzen Tag	တနေ့လုံး	ta. nei. loun:
am nächsten Tag	နောက်နေ့	nau' nei.
zwei Tage vorher	လွန်ခဲ့သော နှစ်ရက်က	lun ge: de. hni' ja' ka.
am Vortag	အကြိုနေ့မှာ	akjou nei. hma
täglich (Adj)	နေ့စဉ်	nei. zin
täglich (Adv)	နေ့တိုင်း	nei dain:

Woche (f)	ရက်သတ္တပတ်	je' tha' daba'
letzte Woche	ပြီးခဲ့တဲ့အပတ်က	pji: ge. de. apa' ka.
nächste Woche	လာမယ့်အပတ်မှာ	la. me. apa' hma
wöchentlich (Adj)	အပတ်စဉ်	apa' sin
wöchentlich (Adv)	အပတ်စဉ်	apa' sin
zweimal pro Woche	တစ်ပတ် နှစ်ကြိမ်	ti' pa' hni' kjein
jeden Dienstag	အင်္ဂါနေ့တိုင်း	in ga nei. dain:

20. Stunden. Tag und Nacht

Morgen (m)	နံနက်ခင်း	nan ne' gin:
morgens	နံနက်ခင်းမှာ	nan ne' gin: hma
Mittag (m)	မွန်းတည့်	mun: de.
nachmittags	နေ့လယ်စာစား ချိန်ပြီးနောက်	nei. le za za: gjein bji: nau'

Abend (m)	ညနေခင်း	nja. nei gin:
abends	ညနေခင်းမှာ	nja. nei gin: hma

Nacht (f)	ည	nja
nachts	ညမှာ	nja hma
Mitternacht (f)	သန်းခေါင်ယံ	than: gaun jan

Sekunde (f)	စက္ကန့်	se' kan.
Minute (f)	မိနစ်	mi. ni'
Stunde (f)	နာရီ	na ji
eine halbe Stunde	နာရီဝက်	na ji we'
Viertelstunde (f)	ဆယ့်ငါးမိနစ်	hse. nga: mi. ni'
fünfzehn Minuten	၁၅ မိနစ်	ta' hse. nga: mi ni'
Tag und Nacht	နံနက်လေးနာရီ	hni' hse lei: na ji

Sonnenaufgang (m)	နေထွက်ချိန်	nei dwe' gjein
Morgendämmerung (f)	အာရုဏ်ဦး	a joun u:
früher Morgen (m)	နံနက်စောစော	nan ne' so: zo:
Sonnenuntergang (m)	နေဝင်ချိန်	nei win gjein

früh am Morgen	နံနက်အစောပိုင်း	nan ne' aso: bain:
heute Morgen	ယနေ့နံနက်	ja. nei. nan ne'
morgen früh	မနက်ဖြန်နံနက်	mane' bjan nan ne'

heute Mittag	ယနေ့နေ့လယ်	ja. nei. nei. le
nachmittags	နေ့လယ်စာစားပြီးနောက်	nei. le za za: gjein bji: nau'
morgen Nachmittag	မနက်ဖြန်မွန်းလွဲပိုင်း	mane' bjan mun: lwe: bain:

| heute Abend | ယနေ့ညနေ | ja. nei. nja. nei |
| morgen Abend | မနက်ဖြန်ညနေ | mane' bjan nja. nei |

Punkt drei Uhr	၃ နာရီတွင်	thoun: na ji dwin
gegen vier Uhr	၄ နာရီခန့်တွင်	lei: na ji khan dwin
um zwölf Uhr	၁၂ နာရီအရောက်	hse. hni' na ji ajau'

in zwanzig Minuten	နောက် မိနစ် ၂၀ မှာ	nau' mi. ni' hni' se hma
in einer Stunde	နောက်တစ်နာရီမှာ	nau' ti' na ji hma
rechtzeitig (Adv)	အချိန်ကိုက်	achein kai'

Viertel vor ...	မတ်တင်း	ma' tin:
innerhalb einer Stunde	တစ်နာရီအတွင်း	ti' na ji atwin:
alle fünfzehn Minuten	၁၅ မိနစ်တိုင်း	ta' hse. nga: mi ni' htain:
Tag und Nacht	၂၄ နာရီလုံး	hna' hse. lei: na ji

21. Monate. Jahreszeiten

Januar (m)	ဇန်နဝါရီလ	zan na. wa ji la.
Februar (m)	ဖေဖော်ဝါရီလ	hpei bo wa ji la
März (m)	မတ်လ	ma' la.
April (m)	ဧပြီလ	ei bji la.
Mai (m)	မေလ	mei la.
Juni (m)	ဇွန်လ	zun la.

Juli (m)	ဇူလိုင်လ	zu lain la.
August (m)	သြဂုတ်လ	o: gou' la.
September (m)	စက်တင်ဘာလ	sa' htin ba la.
Oktober (m)	အောက်တိုဘာလ	au' tou ba la

November (m)	နိုဝင်ဘာလ	nou win ba la.
Dezember (m)	ဒီဇင်ဘာလ	di zin ba la.

Frühling (m)	နွေဦးရာသီ	nwei: u: ja dhi
im Frühling	နွေဦးရာသီမှာ	nwei: u: ja dhi hma
Frühlings-	နွေဦးရာသီနှင့်ဆိုင်သော	nwei: u: ja dhi hnin. zain de.

Sommer (m)	နွေရာသီ	nwei: ja dhi
im Sommer	နွေရာသီမှာ	nwei: ja dhi hma
Sommer-	နွေရာသီနှင့်ဆိုင်သော	nwei: ja dhi hnin. zain de.

Herbst (m)	ဆောင်းဦးရာသီ	hsaun: u: ja dhi
im Herbst	ဆောင်းဦးရာသီမှာ	hsaun: u: ja dhi hma
Herbst-	ဆောင်းဦးရာသီနှင့်ဆိုင်သော	hsaun: u: ja dhi hnin. zain de.

Winter (m)	ဆောင်းရာသီ	hsaun: ja dhi
im Winter	ဆောင်းရာသီမှာ	hsaun: ja dhi hma
Winter-	ဆောင်းရာသီနှင့်ဆိုင်သော	hsaun: ja dhi hnin. zain de.

Monat (m)	လ	la.
in diesem Monat	ဒီလ	di la.
nächsten Monat	နောက်လ	nau' la
letzten Monat	ယခင်လ	jakhin la.
vor einem Monat	ပြီးခဲ့တဲ့တစ်လကျော်	pji: ge. de. di' la. gjo
über eine Monat	နောက်တစ်လကျော်	nau' ti' la. gjo
in zwei Monaten	နောက်နှစ်လကျော်	nau' hni' la. gjo
den ganzen Monat	တစ်လလုံး	ti' la. loun:

monatlich (Adj)	လစဉ်	la. zin
monatlich (Adv)	လစဉ်	la. zin
jeden Monat	လတိုင်း	la. dain:
zweimal pro Monat	တစ်လနှစ်ကြိမ်	ti' la. hni' kjein:

Jahr (n)	နှစ်	hni'
dieses Jahr	ဒီနှစ်မှာ	di hna' hma
nächstes Jahr	နောက်နှစ်မှာ	nau' hni' hnma
voriges Jahr	ယခင်နှစ်မှာ	jakhin hni' hma

vor einem Jahr	ပြီးခဲ့တဲ့တစ်နှစ်ကျော်က	pji: ge. de. di' hni' kjo ga.
in einem Jahr	နောက်တစ်နှစ်ကျော်	nau' ti' hni' gjo
in zwei Jahren	နောက်နှစ်နှစ်ကျော်	nau' hni' hni' gjo
das ganze Jahr	တစ်နှစ်လုံး	ti' hni' loun:

jedes Jahr	နှစ်တိုင်း	hni' tain:
jährlich (Adj)	နှစ်စဉ်ဖြစ်သော	hni' san bji' te.
jährlich (Adv)	နှစ်စဉ်	hni' san
viermal pro Jahr	တစ်နှစ်လေးကြိမ်	ti' hni' lei: gjein

Datum (heutige ~)	နေ့စွဲ	nei. zwe:
Datum (Geburts-)	ရက်စွဲ	je' swe:
Kalender (m)	ပြက္ခဒိန်	pje' gadein

ein halbes Jahr	နှစ်ဝက်	hni' we'
Halbjahr (n)	နှစ်ဝက်	hni' we'
Saison (f)	ရာသီ	ja dhi
Jahrhundert (n)	ရာစု	jazu.

22. Maßeinheiten

Gewicht (n)	အလေးချိန်	alei: gjein
Länge (f)	အရှည်	ashei
Breite (f)	အကျယ်	akje
Höhe (f)	အမြင့်	amjin.
Tiefe (f)	အနက်	ane'
Volumen (n)	ထုထည်	du. de
Fläche (f)	အကျယ်အဝန်း	akje awun:

Gramm (n)	ဂရမ်	ga ran
Milligramm (n)	မီလီဂရမ်	mi li ga. jan
Kilo (n)	ကီလိုဂရမ်	ki lou ga jan
Tonne (f)	တန်	tan
Pfund (n)	ပေါင်	paun
Unze (f)	အောင်စ	aun sa.

Meter (m)	မီတာ	mi ta
Millimeter (m)	မီလီမီတာ	mi li mi ta
Zentimeter (m)	စင်တီမီတာ	sin ti mi ta
Kilometer (m)	ကီလိုမီတာ	ki lou mi ta
Meile (f)	မိုင်	main
Zoll (m)	လက်မ	le' ma
Fuß (m)	ပေ	pei
Yard (n)	ကိုက်	kou'

Quadratmeter (m)	စတုရန်းမီတာ	satu. jan: mi ta
Hektar (n)	ဟက်တာ	he' ta
Liter (m)	လီတာ	li ta
Grad (m)	ဒီဂရီ	di ga ji
Volt (n)	ဗို့	boi.
Ampere (n)	အမ်ပီယာ	an bi ja
Pferdestärke (f)	မြင်းကောင်ရေအား	mjin: gaun jei a:

Anzahl (f)	အရေအတွက်	ajei adwe'
etwas ...	နည်းနည်း	ne: ne:
Hälfte (f)	တစ်ဝက်	ti' we'
Dutzend (n)	ဒါဇင်	da zin
Stück (n)	ခု	khu.

Größe (f)	အတိုင်းအတာ	atain: ata
Maßstab (m)	စကေး	sakei:

minimal (Adj)	အနည်းဆုံး	ane: zoun
der kleinste	အသေးဆုံး	athei: zoun:
mittler, mittel-	အလယ်အလတ်	ale ala'
maximal (Adj)	အများဆုံး	amja: zoun:
der größte	အကြီးဆုံး	akji: zoun:

23. Behälter

Glas (Einmachglas)	ဖန်ဘူး	hpan bu:
Dose (z.B. Bierdose)	သံဘူး	than bu:

Eimer (m)   ရေပုံး   jei boun:
Fass (n), Tonne (f)   စည်ပိုင်း   si bain:

Waschschüssel (n)   ဇလုံ   za loun
Tank (m)   သံစည်   than zi
Flachmann (m)   အရက်ပုလင်းပြား   aje' pu lin: pja:
Kanister (m)   ဓာတ်ဆီပုံး   da' hsi boun:
Zisterne (f)   တိုင်ကီ   tain ki

Kaffeebecher (m)   မတ်ခွက်   ma' khwe'
Tasse (f)   ခွက်   khwe'
Untertasse (f)   အောက်ခံပန်းကန်ပြား   au' khan ban: kan pja:
Wasserglas (n)   ဖန်ခွက်   hpan gwe'
Weinglas (n)   ဝိုင်ခွက်   wain gwe'
Kochtopf (m)   ပေါင်းအိုး   paun: ou:

Flasche (f)   ပုလင်း   palin:
Flaschenhals (m)   ပုလင်းလည်ပင်း   palin: le bin:

Karaffe (f)   ဖန်ချိုင့်   hpan gjain.
Tonkrug (m)   ကရား   kaja:
Gefäß (n)   အိုးခွက်   ou: khwe'
Tontopf (m)   မြေအိုး   mjei ou:
Vase (f)   ပန်းအိုး   pan: ou:

Flakon (n)   ပုလင်း   palin:
Fläschchen (n)   ပုလင်းကလေး   palin: galei:
Tube (z.B. Zahnpasta)   ဘူး   bu:

Sack (~ Kartoffeln)   ဂုံနီအိတ်   goun ni ei'
Tüte (z.B. Plastiktüte)   အိတ်   ei'
Schachtel (z.B. Zigaretten~)   ဘူး   bu:

Karton (z.B. Schuhkarton)   စက္ကူဘူး   se' ku bu:
Kiste (z.B. Bananenkiste)   သေတ္တာ   thi' ta
Korb (m)   တောင်း   taun:

DER MENSCH

Der Mensch. Körper

24. Kopf

Kopf (m)	ခေါင်း	gaun:
Gesicht (n)	မျက်နှာ	mje' hna
Nase (f)	နှာခေါင်း	hna gaun:
Mund (m)	ပါးစပ်	pa: zi'
Auge (n)	မျက်စိ	mje' si.
Augen (pl)	မျက်စိများ	mje' si. mja:
Pupille (f)	သူငယ်အိမ်	thu nge ein
Augenbraue (f)	မျက်ခုံး	mje' khoun:
Wimper (f)	မျက်တောင်	mje' taun
Augenlid (n)	မျက်ခွံ	mje' khwan
Zunge (f)	လျာ	sha
Zahn (m)	သွား	thwa:
Lippen (pl)	နှုတ်ခမ်း	hna' khan:
Backenknochen (pl)	ပါးရိုး	pa: jou:
Zahnfleisch (n)	သွားဖုံး	thwahpoun:
Gaumen (m)	အာခေါင်	a gaun
Nasenlöcher (pl)	နှာခေါင်းပေါက်	hna gaun: bau'
Kinn (n)	မေးစေ့	mei: zei.
Kiefer (m)	မေးရိုး	mei: jou:
Wange (f)	ပါး	pa:
Stirn (f)	နဖူး	na. hpu:
Schläfe (f)	နားထင်	na: din
Ohr (n)	နားရွက်	na: jwe'
Nacken (m)	နောက်စေ့	nau' sei.
Hals (m)	လည်ပင်း	le bin:
Kehle (f)	လည်ချောင်း	le gjaun:
Haare (pl)	ဆံပင်	zabin
Frisur (f)	ဆံပင်ပုံစံ	zabin boun zan
Haarschnitt (m)	ဆံပင်ညှပ်သည့်ပုံစံ	zabin hnja' thi. boun zan
Perücke (f)	ဆံပင်တု	zabin du.
Schnurrbart (m)	နှုတ်ခမ်းမွေး	hnou' khan: hmwei:
Bart (m)	မုတ်ဆိတ်မွေး	mou' hsei' hmwei:
haben (einen Bart ~)	အရှည်ထားသည်	ashei hta: de
Zopf (m)	ကျစ်ဆံမြီး	kji' zan mji:
Backenbart (m)	ပါးသိုင်းမွေး	pa: dhain: hmwei:
rothaarig	ဆံပင်အနီရောင်ရှိသော	zabin ani jaun shi. de
grau	အရောင်ဖျော့သော	ajaun bjo. de.

29

kahl Glatze (f)	ထိပ်ပြောင်သော ဆံပင်ကျွတ်နေသောနေရာ	htei' pjaun de. zabin kju' nei dho nei ja
Pferdeschwanz (m) Pony (Ponyfrisur)	မြင်းမြီးပုံဆံပင် ဆံရစ်	mjin: mji: boun zan zan bin hsaji'

25. Menschlicher Körper

Hand (f)	လက်	le'
Arm (m)	လက်မောင်း	le' maun:

Finger (m)	လက်ချောင်း	le' chaun:
Zehe (f)	ခြေချောင်း	chei gjaun:
Daumen (m)	လက်မ	le' ma
kleiner Finger (m)	လက်သန်း	le' than:
Nagel (m)	လက်သည်းခွံ	le' the: dou' tan zin:

Faust (f)	လက်သီး	le' thi:
Handfläche (f)	လက်ဝါး	le' wa:
Handgelenk (n)	လက်ကောက်ဝတ်	le' kau' wa'
Unterarm (m)	လက်ဖျံ	le' hpjan
Ellbogen (m)	တံတောင်ဆစ်	daduan zi'
Schulter (f)	ပခုံး	pakhoun:

Bein (n)	ခြေထောက်	chei htau'
Fuß (m)	ခြေထောက်	chei htau'
Knie (n)	ဒူး	du:
Wade (f)	ခြေသလုံးကြွက်သား	chei dha. loun: gjwe' dha:
Hüfte (f)	တင်ပါး	tin ba:
Ferse (f)	ခြေဖနောင့်	chei ba. naun.

Körper (m)	ခန္ဓာကိုယ်	khan da kou
Bauch (m)	ဗိုက်	bai'
Brust (f)	ရင်ဘတ်	jin ba'
Busen (m)	နို့	nou.
Seite (f), Flanke (f)	နံပါး	nan ba:
Rücken (m)	ကျော	kjo:
Kreuz (n)	ခါးအောက်ပိုင်း	kha: au' pain:
Taille (f)	ခါး	kha:

Nabel (m)	ချက်	che'
Gesäßbacken (pl)	တင်ပါး	tin ba:
Hinterteil (n)	နောက်ပိုင်း	nau' pain:

Leberfleck (m)	မှဲ့	hme.
Muttermal (n)	မွေးရာပါအမှတ်	mwei: ja ba ahma'
Tätowierung (f)	တက်တူး	te' tu:
Narbe (f)	အမာရွတ်	ama ju'

Kleidung & Accessoires

26. Oberbekleidung. Mäntel

Kleidung (f)	အဝတ်အစား	awu' aza:
Oberkleidung (f)	အပေါ်ဝတ်အကျီ	apo we' in: gji
Winterkleidung (f)	ဆောင်းတွင်းဝတ်အဝတ်အစား	hsaun: dwin; wu' awu' asa:

Mantel (m)	ကုတ်အကျီရှည်	kou' akji shi
Pelzmantel (m)	သားမွေးအနွေးထည်	tha: mwei: anwei: de
Pelzjacke (f)	အမွေးပွအပေါ်အကျီ	ahmwei pwa po akji.
Daunenjacke (f)	ငှက်မွေးကုတ်အကျီ	hnge' hmwei: kou' akji.

Jacke (z.B. Lederjacke)	အပေါ်အကျီ	apo akji.
Regenmantel (m)	မိုးကာအကျီ	mou: ga akji
wasserdicht	ရေလုံသော	jei loun de.

27. Men's & women's clothing

Hemd (n)	ရှပ်အကျီ	sha' in gji
Hose (f)	ဘောင်းဘီ	baun: bi
Jeans (pl)	ဂျင်းဘောင်းဘီ	gjin; bain: bi
Jackett (n)	အပေါ်အကျီ	apo akji.
Anzug (m)	အနောက်တိုင်းဝတ်စုံ	anau' tain: wu' saun

Damenkleid (n)	ဂါဝန်	ga wun
Rock (m)	စကတ်	saka'
Bluse (f)	ဘလောက်စ်အကျီ	ba. lau' s in: gji
Strickjacke (f)	ကြယ်သီးပါသော အနွေးထည်	kje dhi: ba de. anwei: dhe
Jacke (Damen Kostüm)	အပေါ်ဖုံးအကျီ	apo hpoun akji.

T-Shirt (n)	တီရှပ်	ti shi'
Shorts (pl)	ဘောင်းဘီတို	baun: bi dou
Sportanzug (m)	အားကာစားဝတ်စုံ	a: gaza: wu' soun
Bademantel (m)	ရေချိုးခန်းဝတ်စုံ	jei gjou: gan: wu' soun
Schlafanzug (m)	ညအိပ်ဝတ်စုံ	nja a' wu' soun

| Sweater (m) | ဆွယ်တာ | hswe da |
| Pullover (m) | ဆွယ်တာ | hswe da |

Weste (f)	ဝင်ကုတ်	wi' kou'
Frack (m)	တေးပိုကုတ်အကျီ	tei: I kou' in: gji
Smoking (m)	ညစာစားပွဲဝတ်စုံ	nja. za za: bwe' wu' soun

Uniform (f)	တူညီဝတ်စုံ	tu nji wa' soun
Arbeitskleidung (f)	အလုပ်ဝင် ဝတ်စုံ	alou' win wu' zoun
Overall (m)	စက်ရုံဝတ်စုံ	se' joun wu' soun
Kittel (z.B. Arztkittel)	ဂျူဝတ်ကုတ်	gju di gou'

28. Kleidung. Unterwäsche

Unterwäsche (f)	အတွင်းခံ	atwin: gan
Herrenslip (m)	ယောက်ျားဝတ်အတွင်းခံ	jau' kja: wu' atwin: gan
Damenslip (m)	မိန်းကလေးဝတ်အတွင်းခံ	mein: galei: wa' atwin: gan
Unterhemd (n)	စွပ်ကျယ်	su' kje
Socken (pl)	ခြေအိတ်များ	chei ei' mja:
Nachthemd (n)	ညအိပ်ဝါဝန်ရှည်	nja a' ga wun she
Büstenhalter (m)	ဘရာစီယာ	ba ra si ja
Kniestrümpfe (pl)	ခြေအိတ်ရှည်	chei ei' shi
Strumpfhose (f)	အသားကပ်-ဘောင်းဘီရှည်	atha: ka' baun: bi shei
Strümpfe (pl)	စတော့ကင်	sato. kin
Badeanzug (m)	ရေကူးဝတ်စုံ	jei ku: wa' zoun

29. Kopfbekleidung

Mütze (f)	ဦးထုပ်	u: htou'
Filzhut (m)	ဦးထုပ်ပျော့	u: htou' pjo.
Baseballkappe (f)	ရာထိုးဦးထုပ်	sha dou: u: dou'
Schiebermütze (f)	လူကြီးဆောင်းဦးထုပ်ပြား	lu gji: zaun: u: dou' pja:
Baskenmütze (f)	ဘယ်ရှိဦးထုပ်	be ji u: htu'
Kapuze (f)	အကျီတွင်ပါသော ခေါင်းစွပ်	akji. twin pa dho: gaun: zu'
Panamahut (m)	ဦးထုပ်အဝိုင်း	u: htou' awain:
Strickmütze (f)	သိုးမွေးခေါင်းစွပ်	thou: mwei: gaun: zu'
Kopftuch (n)	ခေါင်းစည်းပုဝါ	gaun: zi: bu. wa
Damenhut (m)	အမျိုးသမီးဆောင်းဦးထုပ်	amjou: dhami: zaun: u: htou'
Schutzhelm (m)	ဦးထုပ်အမာ	u: htou' ama
Feldmütze (f)	တပ်မတော်သုံးဦးထုပ်	ta' mado dhoun: u: dou'
Helm (z.B. Motorradhelm)	အမာစားဦးထုပ်	ama za: u: htou'
Melone (f)	ဦးထုပ်လုံး	u: htou' loun:
Zylinder (m)	ဦးထုပ်မြင့်	u: htou' mjin.

30. Schuhwerk

Schuhe (pl)	ဖိနပ်	hpana'
Stiefeletten (pl)	ရှူးဖိနပ်	shu: hpi. na'
Halbschuhe (pl)	မိန်းကလေးစီးရှူးဖိနပ်	mein: galei: zi: shu: bi. na'
Stiefel (pl)	လည်ရှည်ဖိနပ်	le she bi. na'
Hausschuhe (pl)	အိမ်တွင်းစီးကွင်းထိုးဖိနပ်	ein dwin:
Tennisschuhe (pl)	အားကစားဖိနပ်	a: gaza: bana'
Leinenschuhe (pl)	ပတ္တူဖိနပ်	pa' tu bi. na'
Sandalen (pl)	ကြိုးသိုင်းဖိနပ်	kjou: dhain: bi. na'
Schuster (m)	ဖိနပ်ချုပ်သမား	hpana' chou' tha ma:
Absatz (m)	ဒေါက်	dau'

Paar (n)	အစုံ	asoun.
Schnürsenkel (m)	ဖိနပ်ကြိုး	hpana' kjou:
schnüren (vt)	ဖိနပ်ကြိုးရှုံးသည်	hpana' kjou: gjin de
Schuhlöffel (m)	ဖိနပ်စွပ်သား: သည် ဖိနပ်ကော	hpana' si: ja dhwin dhoun: dhin. hpana' ko
Schuhcreme (f)	ဖိနပ်တိုက်ဆေး	hpana' tou' hsei:

31. Persönliche Accessoires

Handschuhe (pl)	လက်အိတ်	lei' ei'
Fausthandschuhe (pl)	နှစ်ကန့်လက်အိတ်	hni' kan. le' ei'
Schal (Kaschmir-)	မာဝလာ	ma ba. la

Brille (f)	မျက်မှန်	mje' hman
Brillengestell (n)	မျက်မှန်ကိုင်:	mje' hman gain:
Regenschirm (m)	ထီး	hti:
Spazierstock (m)	တုတ်ကောက်	tou' kau'
Haarbürste (f)	ခေါင်းဘီး	gaun: bi:
Fächer (m)	ပန်ကန်	pan gan

Krawatte (f)	လည်စည်း	le zi:
Fliege (f)	ဘဲပြားပုံလည်စည်း	hpe: bja: boun le zi:
Hosenträger (pl)	ဘောင်းဘီသိုင်းကြိုး	baun: bi dhain: gjou:
Taschentuch (n)	လက်ကိုင်ပုဝါ	le' kain bu. wa

Kamm (m)	ဘီး	bi:
Haarspange (f)	ဆံညှပ်	hsan hnja'
Haarnadel (f)	ကလစ်	kali'
Schnalle (f)	ခါးပတ်ခေါင်း	kha: ba' khaun:

Gürtel (m)	ခါးပတ်	kha: ba'
Umhängegurt (m)	ပုခုံးသိုင်းကြိုး	pu. goun: dhain: gjou:

Tasche (f)	လက်ကိုင်အိတ်	le' kain ei'
Handtasche (f)	မိန်းကလေးပုခုံးလွယ်အိတ်	mein: galei: bou goun: lwe ei'
Rucksack (m)	ကျောပိုးအိတ်	kjo: bou: ei'

32. Kleidung. Verschiedenes

Mode (f)	ဖက်ရှင်	hpe' shin
modisch	ခေတ်မီသော	khi' mi de.
Modedesigner (m)	ဖက်ရှင်ဒီဇိုင်နာ	hpe' shin di zain na

Kragen (m)	အင်္ကျီကော်လာ	akji. ko la
Tasche (f)	အိတ်ကပ်	ei' ka'
Taschen-	အိတ်ဆောင်	ei' hsaun
Ärmel (m)	အင်္ကျီလက်	akji. le'
Aufhänger (m)	အင်္ကျီချိတ်ကွင်း	akji. gjei' kwin:
Hosenschlitz (m)	ဘောင်းဘီလျှာဆက်	baun: bi ja ze'

Reißverschluss (m)	ဇစ်	zi'
Verschluss (m)	ချိတ်စရာ	che' zaja

Knopf (m)	ကြယ်သီး	kje dhi:
Knopfloch (n)	ကြယ်သီးပေါက်	kje dhi: bau'
abgehen (Knopf usw.)	ပြုတ်ထွက်သည်	pjou' htwe' te

nähen (vi, vt)	စက်ချုပ်သည်	se' khjou' te
sticken (vt)	ပန်းထိုးသည်	pan: dou: de
Stickerei (f)	ပန်းထိုးခြင်း	pan: dou: gjin:
Nadel (f)	အပ်	a'
Faden (m)	အပ်ချည်	a' chi
Naht (f)	ချုပ်ရိုး	chou' jou:

sich beschmutzen	ညစ်ပေသွားသည်	nji' pei dhwa: de
Fleck (m)	အစွန်းအထင်း	aswan: ahtin:
sich knittern	တွန့်ကြေစေသည်	tun. gjei zei de
zerreißen (vt)	ပေါက်ပြဲသွားသည်	pau' pje: dhwa: de
Motte (f)	အဝတ်ပိုးဖလံ	awu' pou: hpa. lan

33. Kosmetikartikel. Kosmetik

Zahnpasta (f)	သွားတိုက်ဆေး	thwa: tai' hsei:
Zahnbürste (f)	သွားတိုက်တံ	thwa: tai' tan
Zähne putzen	သွားတိုက်သည်	thwa: tai' te

Rasierer (m)	သင်တုန်းဓား	thin toun: da:
Rasiercreme (f)	မုတ်ဆိတ်ရိတ် ဆေးပြာ	mou' zei' jei' hsa' pja
sich rasieren	ရိတ်သည်	jei' te

| Seife (f) | ဆေးပြာ | hsa' pja |
| Shampoo (n) | ခေါင်းလျှော်ရည် | gaun: sho je |

Schere (f)	ကတ်ကြေး	ka' kjei:
Nagelfeile (f)	လက်သည်းတိုက်တံစဉ်း	le' the:
Nagelzange (f)	လက်သည်းညှပ်	le' the: hnja'
Pinzette (f)	ဇာဂနာ	za ga. na

Kosmetik (f)	အလှကုန်ပစ္စည်း	ahla. koun pji' si:
Gesichtsmaske (f)	မျက်နှာပေါင်းတင်ခြင်း	mje' hna baun: din gjin:
Maniküre (f)	လက်သည်းအလှပြုခြင်း	le' the: ahla bjin gjin
Maniküre machen	လက်သည်းအလှပြုသည်	le' the: ahla bjin de
Pediküre (f)	ခြေသည်းအလှပြုသည်	chei dhi: ahla. pjin de

Kosmetiktasche (f)	မိတ်ကပ်အိတ်	mi' ka' ei'
Puder (m)	ပေါင်ဒါ	paun da
Puderdose (f)	ပေါင်ဒါဘူး	paun da bu:
Rouge (n)	ပါးနီ	pa: ni

Parfüm (n)	ရေမွှေး	jei mwei:
Duftwasser (n)	ရေမွှေး	jei mwei:
Lotion (f)	လိုးရှင်း	lou shin:
Kölnischwasser (n)	အော်ဒီကာလုန်းရေမွှေး	o di ka lun: jei mwei:

Lidschatten (m)	မျက်ခွံဆိုးဆေး	mje' khwan zou: zei:
Kajalstift (m)	အိုင်းလိုင်နာတောင့်	ain: lain: na daun.
Wimperntusche (f)	မျက်တောင်ခြယ်ဆေး	mje' taun gje zei:

Lippenstift (m)	နှုတ်ခမ်းနီ	hna' khan: ni
Nagellack (m)	လက်သည်းဆိုးဆေး	le' the: azou: zei:
Haarlack (m)	ဆံပင်သုံး စပဆေး	zabin dhoun za. ba. jei:
Deodorant (n)	ချွေးနံ့ပျောက်ဆေး	chwei: nan. bjau' hsei:

Creme (f)	ခရင်မ်	khajin m
Gesichtscreme (f)	မျက်နှာခရင်မ်	mje' hna ga. jin m
Handcreme (f)	ဟန်ခရင်မ်	han kha. rin m
Anti-Falten-Creme (f)	အသားခြောက်ကာကွယ်ဆေး	atha: gjau' ka gwe zei:
Tagescreme (f)	နေ့လိမ်းခရင်မ်	nei. lein: ga jin'm
Nachtcreme (f)	ညလိမ်းခရင်မ်	nja lein: khajinm
Tages-	နေ့လယ်ဘက်သုံးသော	nei. le be' thoun: de.
Nacht-	ညဘက်သုံးသော	nja. be' thoun: de.

Tampon (m)	အတောင့်	ataun.
Toilettenpapier (n)	အိမ်သာသုံးစက္ကူ	ein dha dhoun: se' ku
Föhn (m)	ဆံပင်အခြောက်ခံစက်	zabin achou' hsan za'

34. Armbanduhren Uhren

Armbanduhr (f)	နာရီ	na ji
Zifferblatt (n)	နာရီဒိုင်ခွက်	na ji dai' hpwe'
Zeiger (m)	နာရီလက်တံ	na ji le' tan
Metallarmband (n)	နာရီကြိုး	na ji gjou:
Uhrenarmband (n)	နာရီကြိုး	na ji gjou:

Batterie (f)	ဓာတ်ခဲ	da' khe:
verbraucht sein	အားကုန်သည်	a: kun de
die Batterie wechseln	ဘက်ထဲရလဲသည်	ba' hta ji le: de
vorgehen (vi)	မြန်သည်	mjan de
nachgehen (vi)	နောက်ကျသည်	nau' kja. de

Wanduhr (f)	တိုင်ကပ်နာရီ	tain ka' na ji
Sanduhr (f)	သဲနာရီ	the: naji
Sonnenuhr (f)	နေနာရီ	nei na ji
Wecker (m)	နှိုးစက်	hnou: ze'
Uhrmacher (m)	နာရီပြင်ဆဧရာ	ma ji bjin zaja
reparieren (vt)	ပြင်သည်	pjin de

Essen. Ernährung

Fleisch (n)	အသား	atha:
Hühnerfleisch (n)	ကြက်သား	kje' tha:
Küken (n)	ကြက်ကလေး	kje' ka. lei:
Ente (f)	ဘဲသား	be: dha:
Gans (f)	ဘဲငန်းသား	be: ngan: dha:
Wild (n)	တောကောင်သား	to: gaun dha:
Pute (f)	ကြက်ဆင်သား	kje' hsin dha:

Schweinefleisch (n)	ဝက်သား	we' tha:
Kalbfleisch (n)	နွားကလေးသား	nwa: ga. lei: dha:
Hammelfleisch (n)	သိုးသား	thou: tha:
Rindfleisch (n)	အမဲသား	ame: dha:
Kaninchenfleisch (n)	ယုန်သား	joun dha:

Wurst (f)	ဝက်အူချောင်း	we' u gjaun:
Würstchen (n)	အသားချောင်း	atha: gjaun:
Schinkenspeck (m)	ဝက်ဆားနယ်ခြောက်	we' has: ne gjau'
Schinken (m)	ဝက်ပေါင်ခြောက်	we' paun gjau'
Räucherschinken (m)	ဝက်ပေါင်ကြက်တိုက်	we' paun gje' tai'

Pastete (f)	အနှစ်အစေ့ပျော့	ahni' akhe pjo.
Leber (f)	အသည်း	athe:
Hackfleisch (n)	ကြိတ်သား	kjei' tha:
Zunge (f)	လျှာ	sha

Ei (n)	ဥ	u.
Eier (pl)	ဥများ	u. mja:
Eiweiß (n)	အကာ	aka
Eigelb (n)	အနှစ်	ahni'

Fisch (m)	ငါး	nga:
Meeresfrüchte (pl)	ပင်လယ်အစားအစာ	pin le asa: asa
Krebstiere (pl)	အခွံမာရေနေသတ္တဝါ	akhun ma jei nei dha' ta. wa
Kaviar (m)	ငါးဥ	nga: u.

Krabbe (f)	ကကန်း	kanan:
Garnele (f)	ပုစွန်	bazun
Auster (f)	ကမာကောင်	kama kaun
Languste (f)	ကျောက်ပုစွန်	kjau' pu. zun
Krake (m)	ရေဘဝဲသား	jei ba. we: dha:
Kalmar (m)	ပြည်ကြီးငါး	pjei gji: nga:

Störfleisch (n)	စတာဂျင်ငါး	sata gjin nga:
Lachs (m)	ဆော်လမွန်ငါး	hso: la. mun nga:
Heilbutt (m)	ပင်လယ်ပိုကြီးသား	pin le nga: gji: dha:
Dorsch (m)	ငါးကြီးဆီထုတ်သောငါး	nga: gji: zi dou' de. nga:

Makrele (f)	မက်ကရယ်ငါး	me' ka. je nga:
Tunfisch (m)	တူနာငါး	tu na nga:
Aal (m)	ငါးရှင့်	nga: shin.

Forelle (f)	ထရောက်ငါး	hta. jau' nga:
Sardine (f)	ငါးသလ္လာငါး	nga: dhei ta' nga:
Hecht (m)	ပိုက်ငါး	pai' nga
Hering (m)	ငါးသလောက်	nga: dha. lau'

Brot (n)	ပေါင်မုန့်	paun moun.
Käse (m)	ဒိန်ခဲ	dain ge:
Zucker (m)	သကြား	dhagja:
Salz (n)	ဆား	hsa:

Reis (m)	ဆန်ဝပါး	hsan zaba
Teigwaren (pl)	အီတလီခေါက်ဆွဲ	ita. li khau' hswe:
Nudeln (pl)	ခေါက်ဆွဲ	gau' hswe:

Butter (f)	ထောပတ်	hto: ba'
Pflanzenöl (n)	ဆီ	hsi
Sonnenblumenöl (n)	နေကြာပန်းဆီ	nei gja ban: zi
Margarine (f)	ဟင်းရွက်အဆီခဲ	hin: jwe' ahsi khe:

| Oliven (pl) | သံလွင်သီး | than lun dhi: |
| Olivenöl (n) | သံလွင်ဆီ | than lun zi |

Milch (f)	နွားနို့	nwa: nou.
Kondensmilch (f)	နို့ဆီ	ni. zi
Joghurt (m)	ဒိန်ချဉ်	dain gjin
saure Sahne (f)	နို့ချဉ်	nou. gjin
Sahne (f)	မလိုင်	ma. lain

| Mayonnaise (f) | ခဝ်ပျစ်ပျစ်စားမြိန်ရည် | kha' pji' pji' sa: mjein jei |
| Buttercreme (f) | ထောပတ်မလိုင် | hto: ba' ma. lein |

Grütze (f)	နံစားရေ	nhnan za: zei.
Mehl (n)	ဂျုံမှုန့်	gjoun hmoun.
Konserven (pl)	စည်သွပ်ဗူးများ	si dhwa' bu: mja:

Maisflocken (pl)	ပြောင်းဖူးမုန့်ဆန်း	pjaun: bu: moun. zan:
Honig (m)	ပျားရည်	pja: je
Marmelade (f)	ယို	jou
Kaugummi (m, n)	ပီကေ	pi gei

36. Getränke

Wasser (n)	ရေ	jei
Trinkwasser (n)	သောက်ရေ	thau' jei
Mineralwasser (n)	ဓာတ်ဆားရည်	da' hsa: ji

still	ဂတ်စ်မပါသော	ga' s ma. ba de.
mit Kohlensäure	ဂတ်စ်ပါသော	ga' s ba de.
mit Gas	ဓါတ်ကလင်	saba ga. lin
Eis (n)	ရေခဲ	jei ge:

mit Eis	ရေခဲနှင့်	jei ge: hnin.
alkoholfrei (Adj)	အယ်ကိုဟောာမပါသော	e kou ho: ma. ba de.
alkoholfreies Getränk (n)	အယ်ကိုဟောာမှုဟုတ်	e kou ho: ma. hou'
	သော သောက်စရာ	te. dhau' sa. ja
Erfrischungsgetränk (n)	အဖျော်	aei:
Limonade (f)	လီမွန်ဖျော်ရည်	li mun hpjo ji
Spirituosen (pl)	အယ်ကိုဟောာပါဝင်	e kou ho: ba win
	သော သောက်စရာ	de. dhau' sa. ja
Wein (m)	ဝိုင်	wain
Weißwein (m)	ဝိုင်ဖြူ	wain gju
Rotwein (m)	ဝိုင်နီ	wain ni
Likör (m)	အရက်ချိုပြင်း	aje' gjou pjin
Champagner (m)	ရှန်ပိန်	shan pein
Wermut (m)	ရန့်သင်းသောဆေးဝိုဝိုင်	jan dhin: dho: zei: zein wain
Whisky (m)	ဝီစကီ	wi sa. gi
Wodka (m)	ဗော့ကာ	bo ga
Gin (m)	ဂျင်	gjin
Kognak (m)	ကော့ညက်	ko. nja'
Rum (m)	ရမ်	ran
Kaffee (m)	ကော်ဖီ	ko hpi
schwarzer Kaffee (m)	ဘလက်ကော်ဖီ	ba. le' ko: phi
Milchkaffee (m)	ကော်ဖီနို့ရော	ko hpi ni. jo:
Cappuccino (m)	ကပူချီနို	ka. pu chi ni.
Pulverkaffee (m)	ကော်ဖီမှုန်	ko hpi mi'
Milch (f)	နွားနို့	nwa: nou.
Cocktail (m)	ကော့တေး	ko. dei:
Milchcocktail (m)	မစ်ရှိတ်	mi' shei'
Saft (m)	အချိုရည်	achou ji
Tomatensaft (m)	ရေးချဉ်သီးအချိုရည်	khajan: chan dhi: achou jei
Orangensaft (m)	လိမ္မော်ရည်	limmo ji
frisch gepresster Saft (m)	အသီးဖျော်ရည်	athi: hpjo je
Bier (n)	ဘီယာ	bi ja
Helles (n)	အရောင်ဖျော့သောဘီယာ	ajaun bjau. de. bi ja
Dunkelbier (n)	အရောင်ရင့်သောဘီယာ	ajaun jin. de. bi ja
Tee (m)	လက်ဖက်ရည်	le' hpe' ji
schwarzer Tee (m)	လက်ဖက်နက်	le' hpe' ne'
grüner Tee (m)	လက်ဖက်စိမ်း	le' hpe' sein:

37. Gemüse

Gemüse (n)	ဟင်းသီးဟင်းရွက်	hin: dhi: hin: jwe'
grünes Gemüse (pl)	ဟင်းခတ်အမွှေးရွက်	hin: ga' ahmwei: jwe'
Tomate (f)	ရေးချဉ်သီး	khajan: chan dhi:
Gurke (f)	သခွါးသီး	thakhwa: dhi:
Karotte (f)	မုန်လာဥနီ	moun la u. ni

Kartoffel (f)	အာလူး	a lu:
Zwiebel (f)	ကြက်သွန်နီ	kje' thwan ni
Knoblauch (m)	ကြက်သွန်ဖြူ	kje' thwan bju

Kohl (m)	ဂေါ်ဖီ	go bi
Blumenkohl (m)	ပန်းဂေါ်ဖီ	pan: gozi
Rosenkohl (m)	ဂေါ်ဖီထုပ်အသေးစား	go bi dou' athei: za:
Brokkoli (m)	ပန်းဂေါ်ဖီအစိမ်း	pan: gozi asein:

Rote Bete (f)	မုန်လာဉနီလုံး	moun la u. ni loun:
Aubergine (f)	ခရမ်းသီး	khajan: dhi:
Zucchini (f)	ဘူးသီး	bu: dhi:
Kürbis (m)	ဖရုံသီး	hpa joun dhi:
Rübe (f)	တရုတ်မုန်လာဥ	tajou' moun la u.

Petersilie (f)	တရုတ်နံနံပင်	tajou' nan nan bin
Dill (m)	စမြိတ်ပင်	samjei' pin
Kopf Salat (m)	ဆလပ်ရွက်	hsa. la' jwe'
Sellerie (m)	တရုတ်နံနံကြီး	tajou' nan nan gji:
Spargel (m)	ကညွတ်မာပင်	ka. nju' ma bin
Spinat (m)	ဒေါက်ခွ	dau' khwa.

Erbse (f)	ပဲစေ့	pe: zei.
Bohnen (pl)	ပဲအမျိုးမျိုး	pe: amjou: mjou:
Mais (m)	ပြောင်းဖူး	pjaun: bu:
weiße Bohne (f)	ပိုလံစားပဲ	bou za: be:

Paprika (m)	ငရုတ်သီး	nga jou' thi:
Radieschen (n)	မုန်လာဥသေး	moun la u. dhei:
Artischocke (f)	အာတိချော	a ti cho.

38. Obst. Nüsse

Frucht (f)	အသီး	athi:
Apfel (m)	ပန်းသီး	pan: dhi:
Birne (f)	သစ်တော်သီး	thi' to dhi:
Zitrone (f)	သံပုရိုသီး	than bu. jou dhi:
Apfelsine (f)	လိမ္မော်သီး	limmo dhi:
Erdbeere (f)	စတော်ဘယ်ရီသီး	sato be ri dhi:

Mandarine (f)	ပျားလိမ္မော်သီး	pja: lein mo dhi:
Pflaume (f)	ဆီးသီး	hsi: dhi:
Pfirsich (m)	မက်မွန်သီး	me' mwan dhi:
Aprikose (f)	တရုတ်ဆီးသီး	jau' hsi: dhi:
Himbeere (f)	ရက်စဘယ်ရှိ	re' sa be ji
Ananas (f)	နာနတ်သီး	na na' dhi:

Banane (f)	ငှက်ပျောသီး	hnge' pjo: dhi:
Wassermelone (f)	ဖရဲသီး	hpa. je: dhi:
Weintrauben (pl)	စပျစ်သီး	zabji' thi:
Kirsche (f)	ချယ်ရီသီး	che ji dhi:
Sauerkirsche (f)	ချယ်ရီချဉ်သီး	che ji gjin dhi:
Süßkirsche (f)	ချယ်ရီချိုသီး	che ji gjou dhi:
Melone (f)	သခွားမွေးသီး	thakhwa: hmwei: dhi:

Grapefruit (f)	ဂရိတ်ဖရုသီး	ga. ri' hpa. ju dhi:
Avocado (f)	ထောပတ်သီး	hto: ba' thi:
Papaya (f)	သင်္ဘောသီး	thin: bo: dhi:
Mango (f)	သရက်သီး	thaje' thi:
Granatapfel (m)	တလည်းသီး	tale: dhi:

rote Johannisbeere (f)	အနီရောင်ဘယ်ရီသီး	ani jaun be ji dhi:
schwarze Johannisbeere (f)	ဘလက်ကားရန်	ba. le' ka: jan.
Stachelbeere (f)	ကလားဆီးဖြူ	ka. la: his: hpju
Heidelbeere (f)	ဘီဘယ်ရီအသီး	bi: be ji athi:
Brombeere (f)	ရှပ်းဆီးသီး	shan: zi: di:

Rosinen (pl)	စပျစ်သီးခြောက်	zabji' thi: gjau'
Feige (f)	သဖန်းသီး	thahpjan: dhi:
Dattel (f)	စွန်ပလွံသီး	sun palun dhi:

Erdnuss (f)	မြေပဲ	mjei be:
Mandel (f)	ဗာဒံသီး	ba dan di:
Walnuss (f)	သစ်ကြားသီး	thi' kja: dhi:
Haselnuss (f)	ဟေဇယ်သီး	ho: ze dhi:
Kokosnuss (f)	အုန်းသီး	aun: dhi:
Pistazien (pl)	ရှီမာသီး	khwan ma dhi:

39. Brot. Süßigkeiten

Konditorwaren (pl)	မုန့်ဒျို	moun. gjou
Brot (n)	ပေါင်မုန့်	paun moun.
Keks (m, n)	ဘီစကစ်	bi za. ki'

Schokolade (f)	ရှောကလက်	cho: ka. le'
Schokoladen-	ရှောကလက်အရသာရှိသော	cho: ka. le' aja. dha shi. de.
Bonbon (m, n)	သကြားလုံး	dhagja: loun:
Kuchen (m)	ကိတ်	kei'
Torte (f)	ကိတ်မုန့်	kei' moun.

| Kuchen (Apfel-) | ပိုင်မုန့်. | pain hmoun. |
| Füllung (f) | သွပ်ထားသောအစာ | thu' hta: dho: asa |

Konfitüre (f)	ယို	jou
Marmelade (f)	အလူးပြုလုပ်ထားသော ယို	a htu: bju. lou' hta: de. jou
Waffeln (pl)	ဝေဖာ	wei hpa
Eis (n)	ရေခဲမုန့်	jei ge: moun.
Pudding (m)	ပူတင်း	pu tin:

40. Gerichte

Gericht (n)	ဟင်းပွဲ	hin: bwe:
Küche (f)	အစားအသောက်	asa: athau'
Rezept (n)	ဟင်းချက်နည်း	hin; gji' ne:
Portion (f)	တစ်ယောက်စာဟင်းပွဲ	ti' jau' sa hin: bwe:
Salat (m)	အသုပ်	athou'
Suppe (f)	စွပ်ပြုတ်	su' pjou'

Brühe (f), Bouillon (f)	ဟင်းရည်	hin: ji
belegtes Brot (n)	အသားညှပ်ပေါင်မုန့်	atha: hnja' paun moun.
Spiegelei (n)	ကြက်ဥကြော်	kje' u. kjo

| Hamburger (m) | ဟန်ဘာဂါ | han ba ga |
| Beefsteak (n) | အမဲသားတုံး | ame: dha: doun: |

Beilage (f)	အရံဟင်း	ajan hin:
Spaghetti (pl)	အီတလီခေါက်ဆွဲ	ita. li khau' hswe:
Kartoffelpüree (n)	အာလူးနွားနို့ဖျော်	a luu: nwa: nou. bjo
Pizza (f)	ပီဇာ	pi za
Brei (m)	အုတ်ဂျ|ုယာဂု	ou' gjoun ja gu.
Omelett (n)	ကြက်ဥခေါက်ကြော်	kje' u. khau' kjo

gekocht	ပြုတ်ထားသော	pjou' hta: de.
geräuchert	ကင်တင်ထားသော	kja' tin da: de.
gebraten	ကြော်ထားသော	kjo da de.
getrocknet	ခြောက်နေသော	chau' nei de.
tiefgekühlt	အေးခဲနေသော	ei: khe: nei de.
mariniert	သားရည်စိမ်ထားသော	hsa:

süß	ချိုသော	chou de.
salzig	ငန်သော	ngan de.
kalt	အေးသော	ei: de.
heiß	ပူသော	pu dho:
bitter	ခါးသော	kha: de.
lecker	အရသာရှိသော	aja. dha shi. de.

kochen (vt)	ပြုတ်သည်	pjou' te
zubereiten (vt)	ချက်သည်	che' de
braten (vt)	ကြော်သည်	kjo de
aufwärmen (vt)	အပူပေးသည်	apu bei: de

salzen (vt)	ဆားထည့်သည်	hsa: hte. de
pfeffern (vt)	အစပ်ထည့်သည်	asin hte. dhe
reiben (vt)	ခြစ်သည်	chi' te
Schale (f)	အခွံ	akhun
schälen (vt)	အခွံနွာသည်	akhun hnwa de

41. Gewürze

Salz (n)	ဆား	hsa:
salzig (Adj)	ငန်သော	ngan de.
salzen (vt)	ဆားထည့်သည်	hsa: hte. de

schwarzer Pfeffer (m)	ငရုတ်ကောင်း	nga jou' kaun:
roter Pfeffer (m)	ငရုတ်သီး	nga jou' thi:
Senf (m)	မုန်ညင်း	moun njin:
Meerrettich (m)	သော်ဘာဒန့်သလွန်	thin: bo: dan. dha lun

Gewürz (n)	ဟင်းခတ်အမွှန့်အမျိုးမျိုး	hin: ga' ahnun. amjou: mjou:
Gewürz (n)	ဟင်းခတ်အမွှေးအကြိုင်	hin: ga' ahmwei: akjain
Soße (f)	ဆော့	hso.
Essig (m)	ရှာလကာရည်	sha la. ga je

Anis (m)	စမုန်စပါးပင်	samoun zaba: bin
Basilikum (n)	ပင်စိမ်း	pin zein:
Nelke (f)	လေးညှင်း	lei: hnjin:
Ingwer (m)	ဂျင်း	gjin:
Koriander (m)	နံနံပင်	nan nan bin
Zimt (m)	သစ်ကြံပိုးခေါက်	thi' kjan bou: gau'

Sesam (m)	နှမ်း	hnan:
Lorbeerblatt (n)	ကရဝေးရွက်	ka ja wei: jwe'
Paprika (m)	ပန်းငရုတ်မှုန့်	pan: nga. jou' hnoun.
Kümmel (m)	ကရဝေး	ka. ja. wei:
Safran (m)	ကုံကုမံ	koun kou man

42. Mahlzeiten

Essen (n)	အစားအစာ	asa: asa
essen (vi, vt)	စားသည်	sa: de

Frühstück (n)	နံနက်စာ	nan ne' za
frühstücken (vi)	နံနက်စာစားသည်	nan ne' za za: de
Mittagessen (n)	နေ့လယ်စာ	nei. le za
zu Mittag essen	နေ့လယ်စာစားသည်	nei. le za za de
Abendessen (n)	ညစာ	nja. za
zu Abend essen	ညစာစားသည်	nja. za za: de

Appetit (m)	စားချင်စိတ်	sa: gjin zei'
Guten Appetit!	စားကောင်းပါစေ	sa: gaun: ba zei

öffnen (vt)	ဖွင့်သည်	hpwin. de
verschütten (vt)	ဖိတ်ကျသည်	hpi' kja de
verschüttet werden	မှောက်သည်	hmau' de
kochen (vi)	ဆူပွက်သည်	hsu. bwe' te
kochen (Wasser ~)	ဆူပွက်သည်	hsu. bwe' te
gekocht (Adj)	ဆူပွက်ထားသော	hsu. bwe' hta: de.
kühlen (vt)	အအေးခံသည်	aei: gan de
abkühlen (vi)	အေးသွားသည်	ei: dhwa: de

Geschmack (m)	အရသာ	aja. dha
Beigeschmack (m)	ပအာခြင်း	pa. achin:

auf Diät sein	ဝိတ်ချသည်	wei' cha. de
Diät (f)	ဓာတ်စာ	da' sa
Vitamin (n)	ဗီတာမင်	bi ta min
Kalorie (f)	ကယ်လိုရီ	ke lou ji
Vegetarier (m)	သက်သက်လွတ်စားသူ	the' the' lu' za: dhu
vegetarisch (Adj)	သက်သက်လွတ်စားသော	the' the' lu' za: de.

Fett (n)	အဆီ	ahsi
Protein (n)	အသားဓာတ်	atha: da'
Kohlenhydrat (n)	ကစီဓာတ်	ka. zi da'

Scheibchen (n)	အချပ်	acha'
Stück (ein ~ Kuchen)	အတုံး	atoun:
Krümel (m)	အစအန	asa an

43. Gedeck

Löffel (m)	ဇွန်း	zun:
Messer (n)	ဓား	da:
Gabel (f)	ခက်ရင်း	khajin:
Tasse (eine ~ Tee)	ခွက်	khwe'
Teller (m)	ပန်းကန်ပြား	bagan: bja:
Untertasse (f)	အောက်ခံပန်းကန်ပြား	au' khan ban: kan pja:
Serviette (f)	လက်သုတ်ပုဝါ	le' thou' pu. wa
Zahnstocher (m)	သွားကြားထိုးတံ	thwa: kja: dou: dan

44. Restaurant

Restaurant (n)	စားသောက်ဆိုင်	sa: thau' hsain
Kaffeehaus (n)	ကော်ဖီဆိုင်	ko hpi zain
Bar (f)	ဘား	ba:
Teesalon (m)	လက်ဖက်ရည်ဆိုင်	le' hpe' ji zain
Kellner (m)	စားပွဲထိုး	sa: bwe: dou:
Kellnerin (f)	စားပွဲထိုးမိန်းကလေး	sa: bwe: dou: mein: ga. lei:
Barmixer (m)	အရက်ဘားဝန်ထမ်း	aje' ba: wun dan:
Speisekarte (f)	စားသောက်ဖွယ်စာရင်း	sa: thau' hpwe za jin:
Weinkarte (f)	ဝိုင်စာရင်း	wain za jin:
einen Tisch reservieren	စားပွဲကြိုတင်မှာယူသည်	sa: bwe: gjou din hma ju de
Gericht (n)	ဟင်းပွဲ	hin: bwe:
bestellen (vt)	မှာသည်	hma de
eine Bestellung aufgeben	မှာသည်	hma de
Aperitif (m)	နှင့်ပြိန်းဆေး	hna' mjein zei:
Vorspeise (f)	နှင့်ပြိန်းစာ	hna' mjein za
Nachtisch (m)	အချိုပွဲ	achou bwe:
Rechnung (f)	ကျသင့်ငွေ	kja. thin. ngwei
Rechnung bezahlen	ကုန်ကျငွေရှင်းသည်	koun gja ngwei shin: de
das Wechselgeld geben	ပြန်အမ်းသည်	pjan an: de
Trinkgeld (n)	မုန့်ဖိုး	moun. bou:

Familie, Verwandte und Freunde

45. Persönliche Informationen. Formulare

Vorname (m)	အမည်	amji
Name (m)	မိသားစုအမည်	mi. dha: zu. amji
Geburtsdatum (n)	မွေးနေ့.	mwei: nei.
Geburtsort (m)	မွေးရပ်	mwer: ja'
Nationalität (f)	လူမျိုး	lu mjou:
Wohnort (m)	နေရပ်ဒေသ	nei ja' da. dha.
Land (n)	နိုင်ငံ	nain ngan
Beruf (m)	အလုပ်အကိုင်	alou' akain
Geschlecht (n)	လိင်	lin
Größe (f)	အရပ်	aja'
Gewicht (n)	ကိုယ်အလေးချိန်	kou alei: chain

46. Familienmitglieder. Verwandte

Mutter (f)	အမေ	amei
Vater (m)	အဖေ	ahpei
Sohn (m)	သား	tha:
Tochter (f)	သမီး	thami:
jüngste Tochter (f)	သမီးအငယ်	thami: ange
jüngste Sohn (m)	သားအငယ်	tha: ange
ältere Tochter (f)	သမီးအကြီး	thami: akji:
älterer Sohn (m)	သားအကြီး	tha: akji:
Bruder (m)	ညီအစ်ကို	nji a' kou
älterer Bruder (m)	အစ်ကို	akou
jüngerer Bruder (m)	ညီ	nji
Schwester (f)	ညီအစ်မ	nji a' ma
ältere Schwester (f)	အစ်မ	ama.
jüngere Schwester (f)	ညီမ	nji ma.
Cousin (m)	ဝမ်းကွဲအစ်ကို	wan: kwe: i' kou
Cousine (f)	ဝမ်းကွဲညီမ	wan: kwe: nji ma.
Mama (f)	မေမေ	mei mei
Papa (m)	ဖေဖေ	hpei hpei
Eltern (pl)	မိဘတွေ	mi. ba. dwei
Kind (n)	ကလေး	kalei:
Kinder (pl)	ကလေးများ	kalei: mja:
Großmutter (f)	အဘွား	ahpwa
Großvater (m)	အဘိုး	ahpou:

Enkel (m)	မြေး	mjei:
Enkelin (f)	မြေးမ	mjei: ma.
Enkelkinder (pl)	မြေးများ	mjei: mja:

Onkel (m)	ဦးလေး	u: lei:
Tante (f)	အဒေါ်	ado
Neffe (m)	တူ	tu
Nichte (f)	တူမ	tu ma.

Schwiegermutter (f)	ယောက္ခမ	jau' khama.
Schwiegervater (m)	ယောက္ခထီး	jau' khadi:
Schwiegersohn (m)	သားမက်	tha: me'
Stiefmutter (f)	မိထွေး	mi. dwei:
Stiefvater (m)	ပထွေး	pahtwei:

Säugling (m)	နို့စို့ကလေး	nou. zou. galei:
Kleinkind (n)	ကလေးငယ်	kalei: nge
Kleine (m)	ကလေး	kalei:

Frau (f)	မိန်းမ	mein: ma.
Mann (m)	ယောက်ျား	jau' kja:
Ehemann (m)	ခင်ပွန်း	khin bun:
Gemahlin (f)	ဇနီး	zani:

verheiratet (Ehemann)	မိန်းမရှိသော	mein: ma. shi. de.
verheiratet (Ehefrau)	ယောက်ျားရှိသော	jau' kja: shi de
ledig	လူလွတ်ဖြစ်သော	lu lu' hpji te.
Junggeselle (m)	လူပျို	lu bjou
geschieden (Adj)	တစ်ဉီးလၥၥိဖြစ်သော	ti' khu. la' hpji' te.
Witwe (f)	မုဆိုးမ	mu. zou: ma.
Witwer (m)	မုဆိုးဖို	mu. zou: bou

Verwandte (m)	ဆွေမျိုး	hswe mjou:
naher Verwandter (m)	ဆွေမျိုးရင်းချာ	hswe mjou: jin: gja
entfernter Verwandter (m)	ဆွေမျိုးနီးစပ်	hswe mjou: ni: za'
Verwandte (pl)	မွေးချင်းများ	mwei: chin: mja:

Waise (m, f)	မိဘမဲ့	mi. ba me.
Waisenjunge (m)	မိဘမဲ့ကလေး	mi. ba me. ga lei:
Waisenmädchen (f)	မိဘမဲ့ကလေးမ	mi. ba me. ga lei: ma
Vormund (m)	အုပ်ထိန်းသ	ou' htin: dhu
adoptieren (einen Jungen)	သားအဖြစ်မွေးစားသည်	tha: ahpji' mwei: za: de
adoptieren (ein Mädchen)	သမီးအဖြစ်မွေးစားသည်	thami: ahpji' mwei: za: de

Medizin

Krankheit (f)	ရောဂါ	jo: ga
krank sein	ဖျားနာသည်	hpa: na de
Gesundheit (f)	ကျန်းမာရေး	kjan: ma jei:
Schnupfen (m)	နာစေးခြင်း	hna zei: gjin:
Angina (f)	အာသီးရောင်ခြင်း	a sha. jaun gjin:
Erkältung (f)	အအေးမိခြင်း	aei: mi. gjin:
sich erkälten	အအေးမိသည်	aei: mi. de
Bronchitis (f)	ချောင်းဆိုးရင်ကျပ်နာ	gaun: ou: jin gja' na
Lungenentzündung (f)	အဆုတ်ရောင်ရောဂါ	ahsou' jaun jo: ga
Grippe (f)	တုပ်ကွေး	tou' kwei:
kurzsichtig	အဝေးမှုန်သော	awei: hmun de.
weitsichtig	အနီးမှုန်	ani: hmoun
Schielen (n)	မျက်စိစွေ့ခြင်း	mje' zi. zwei gjin:
schielend (Adj)	မျက်စိစွေ့သော	mje' zi. zwei de.
grauer Star (m)	နာမကျန်းဖြစ်ခြင်း	na. ma. gjan: bji' chin:
Glaukom (n)	ရေတိမ်	jei dein
Schlaganfall (m)	လေသင်တုန်းဖြတ်ခြင်း	lei dhin doun: bja' chin:
Infarkt (m)	နှလုံးဖောက်ပြန်မှု	hnaloun: bau' bjan hmu.
Herzinfarkt (m)	နှလုံးကြွက်သားပုပ်ခြင်း	hnaloun: gjwe' tha: bou' chin:
Lähmung (f)	သွေ့ချာပါဒ	thwe' cha ba da.
lähmen (vt)	ဆိုင်းတွ့သွားသည်	hsain: dwa dhwa: de
Allergie (f)	မတည့်ခြင်း	ma. de. gjin:
Asthma (n)	ပန်းနာ	pan: na
Diabetes (m)	ဆီးချိုရောဂါ	hsi: gjou jau ba
Zahnschmerz (m)	သွားကိုက်ခြင်း	thwa: kai' chin:
Karies (f)	သွားပိုးစားခြင်း	thwa: pou: za: gjin:
Durchfall (m)	ဝမ်းလျှောခြင်း	wan: sho: gjin:
Verstopfung (f)	ဝမ်းချုပ်ခြင်း	wan: gjou' chin:
Magenverstimmung (f)	ဗိုက်နာခြင်း	bai' na gjin:
Vergiftung (f)	အစာအဆိပ်သင့်ခြင်း	asa: ahsei' thin. gjin:
Vergiftung bekommen	အဆားမှားခြင်း	asa: hma: gjin:
Arthritis (f)	အဆစ်ရောင်နာ	ahsi' jaun na
Rachitis (f)	အရိုးပျော့နာ	ajou: bjau. na
Rheumatismus (m)	ဓာတ်လာ	du la
Atherosklerose (f)	နှလုံးသွေးကြော	hna. loun: twei: kjau
	အဆိပ်ဝတ်ခြင်း	ahsi pei' khin:
Gastritis (f)	အစာအိမ်ရောင်ရမ်းနာ	asa: ein jaun jan: na
Blinddarmentzündung (f)	အူအတက်ရောင်ခြင်း	au hte' jaun gjin:

Cholezystitis (f)	သည်းခြေပြန်ရောင်ခြင်း	thi: gjei bjun jaun gjin:
Geschwür (n)	ဖက္ခက်နာ	hpe' khwe' na

Masern (pl)	ဝက်သက်	we' the'
Röteln (pl)	ရှုက်သိုး	gjou' thou:
Gelbsucht (f)	အသားဝါရောဂါ	atha: wa jo: ga
Hepatitis (f)	အသည်းရောင်ရောဂါ	athe: jaun jau ba

Schizophrenie (f)	စိတ်ကစဉ့်ကလျားရောဂါ	sei' ga. zin. ga. lja: jo: ga
Tollwut (f)	ခွေးရူးပြန်ရောဂါ	khwei: ju: bjan jo: ba
Neurose (f)	စိတ်မှုမမှန်ခြင်း	sei' mu ma. hman gjin:
Gehirnerschütterung (f)	ဦးနှောက်ထိခိုက်ခြင်း	oun: hnau' hti. gai' chin:

Krebs (m)	ကင်ဆာ	kin hsa
Sklerose (f)	အသားမျှင်ခက် မာသွားခြင်း	atha: hmjin kha' ma dwa: gjin:
multiple Sklerose (f)	အာရုံကြောပျက်စီး	a joun gjo: bje' si:
	ရောင်ရမ်းသည့်ရောဂါ	jaun jan: dhi. jo: ga

Alkoholismus (m)	အရက်နာစွဲခြင်း	aje' na zwe: gjin:
Alkoholiker (m)	အရက်သမား	aje' dha. ma:
Syphilis (f)	ဆင်ဖလဖ်ကာလသားရောဂါ	his' hpa. li' ka la. dha: jo: ba
AIDS	ကိုယ်ခံအားကျကူးစက်ရောဂါ	kou khan a: kja ku: za' jau ba

Tumor (m)	အသားပို	atha: pou
bösartig	ကင်ဆာဖြစ်နေသော	kin hsa bji' nei de.
gutartig	ပြန့်ပွါးခြင်းမရှိသော	pjan. bwa: gjin: ma. shi. de.

Fieber (n)	အဖျားတက်ရောဂါ	ahpja: de' jo: ga
Malaria (f)	ငှက်ဖျားရောဂါ	hnge' hpja: jo: ga
Gangrän (f, n)	ဂင်္ဂရိန်နာရောဂါ	gan ga. ji na jo: ba
Seekrankheit (f)	လှိုင်းမူးခြင်း	hlain: mu: gjin:
Epilepsie (f)	ဝက်ရူးပြန်ရောဂါ	we' ju: bjan jo: ga

Epidemie (f)	ကပ်ရောဂါ	ka' jo ba
Typhus (m)	တိုက်ဖိုက်ရောဂါ	tai' hpai' jo: ba
Tuberkulose (f)	တီဘီရောဂါ	ti bi jo: ba
Cholera (f)	ကာလဝမ်းရောဂါ	ka la. wan: jau ga
Pest (f)	ကပ်ဆိုး	ka' hsou:

48. Symptome. Behandlungen. Teil 1

Symptom (n)	လက္ခဏာ	le' khana
Temperatur (f)	အပူချိန်	apu gjein
Fieber (n)	ကိုယ်အပူချိန်တက်	kou apu chain de'
Puls (m)	သွေးခုန်နှုန်း	thwei: khoun hnan:

Schwindel (m)	မူးနောက်ခြင်း	mu: nau' chin:
heiß (Stirne usw.)	ပူသော	pu dho:
Schüttelfrost (m)	တုန်ခြင်း	toun gjin:
blass (z.B. -es Gesicht)	ဖြူရောသော	hpju jo de.

Husten (m)	ချောင်းဆိုးခြင်း	gaun: zou: gjin:
husten (vi)	ချောင်းဆိုးသည်	gaun: zou: de
niesen (vi)	နှာချေသည်	hna gjei de

47

| Ohnmacht (f) | အားနည်းခြင်း | a: ne: gjin: |
| ohnmächtig werden | သတိလစ်သည် | dhadi. li' te |

blauer Fleck (m)	ပွန်းပဲ့ဒဏ်ရာ	pun: be. dan ja
Beule (f)	ဖောင်းဖိုရြင်း	hsaun. mi. gjin:
sich stoßen	ဖောင်းစိုသည်	hsaun. mi. de.
Prellung (f)	ပွန်းပဲ့ဒဏ်ရာ	pun: be. dan ja
sich stoßen	ပွန်းပဲ့ဒဏ်ရာရသည်	pun: be. dan ja ja. de

hinken (vi)	ထော့နဲ့ထော့နဲ့လျှောက်သည်	hto. ne. hto. ne. shau' te
Verrenkung (f)	အဆစ်လွဲခြင်း	ahsi' lwe: gjin:
ausrenken (vt)	အဆစ်လွဲသည်	ahsi' lwe: de
Fraktur (f)	ကျိုးအက်ခြင်း	kjou: e' chin:
brechen (Arm usw.)	ကျိုးအက်သည်	kjou: e' te

Schnittwunde (f)	ရှသည်	sha. de
sich schneiden	ရှိစိုသည်	sha. mi. de
Blutung (f)	သွေးထွက်ခြင်း	thwei: htwe' chin:

| Verbrennung (f) | မီးလောင်သည့်ဒဏ်ရာ | mi: laun de. dan ja |
| sich verbrennen | မီးလောင်ဒဏ်ရာရသည် | mi: laun dan ja ja. de |

stechen (vt)	ဖောက်သည်	hpau' te
sich stechen	ကိုယ်ပစ်တိုင်ဖောက်သည်	kou tain hpau' te
verletzen (vt)	ထိရိုက်ဒဏ်ရာရသည်	hti. gai' dan ja ja. de
Verletzung (f)	ထိရိုက်ဒဏ်ရာ	hti. gai' dan ja
Wunde (f)	ဒဏ်ရာ	dan ja
Trauma (n)	စိတ်ဒဏ်ရာ	sei' dan ja

irrereden (vi)	ကယောင်ကတမ်းဖြစ်သည်	kajaun ka dan: bi' te
stottern (vi)	တုံ့နေတုံ့နေးဖြစ်သည်	toun. hnei: toun. hnei: bji' te
Sonnenstich (m)	အပူလျပ်ါခြင်း	apu hlja' chin

49. Symptome. Behandlungen. Teil 2

| Schmerz (m) | နာကျင်မှု | na gjin hmu. |
| Splitter (m) | ပဲ့ထွက်ဖေသာအစ | pe. dwe' tho: asa. |

Schweiß (m)	ချွေး	chwei:
schwitzen (vi)	ချွေးထွက်သည်	chwei: htwe' te
Erbrechen (n)	အန်ခြင်း	an gjin:
Krämpfe (pl)	အကြောလိုက်ခြင်း	akjo: lai' chin:

schwanger	ကိုယ်ဝန်ဆောင်ထားသော	kou wun hsaun da: de.
geboren sein	မွေးဖွားသည်	mwei: bwa: de
Geburt (f)	မီးဖွားခြင်း	mi: bwa: gjin:
gebären (vt)	မီးဖွားသည်	mi: bwa: de
Abtreibung (f)	ကိုယ်ဝန်ဖျက်ချရြင်း	kou wun hpje' cha chin:

Atem (m)	အသက်ရှုခြင်း	athe' shu gjin:
Atemzug (m)	ဝင်လေ	win lei
Ausatmung (f)	ထွက်လေ	htwe' lei
ausatmen (vt)	အသက်ရှုထုတ်သည်	athe' shu dou' te
einatmen (vt)	အသက်ရှုသွင်းသည်	athe' shu dhwin: de

Invalide (m)	ကိုယ်အင်္ဂါမသန် စွမ်းသူ	kou an ga ma. dhan swan: dhu
Krüppel (m)	မသန်မစွမ်းသူ	ma. dhan ma. zwan dhu
Drogenabhängiger (m)	ဆေးစွဲသူ	hsei: zwe: dhu
taub	နားမကြားသော	na: ma. gja: de.
stumm	ဆွံ့အသော	hsun. ade.
taubstumm	ဆွံ့အ နားမကြားသူ	hsun. ana: ma. gja: dhu
verrückt (Adj)	စိတ်မနှံ့သော	sei' ma. hnan. de.
Irre (m)	စိတ်မနှံ့သူ	sei' ma. hnan. dhu
Irre (f)	စိတ်ဝေဒနာရှင်	sei' wei da. na shin
	မိန်းကလေး	mein: ga. lei:
den Verstand verlieren	ရူးသွပ်သည်	ju: dhu' de
Gen (n)	မျိုးရိုးဗီဇ	mjou: jou: bi za.
Immunität (f)	ကိုယ်ခံအား	kou gan a:
erblich	မျိုးရိုးလိုက်သော	mjou: jou: lou' te.
angeboren	မွေးရာပါဖြစ်သော	mwei: ja ba bji' te.
Virus (m, n)	ဗိုင်းရပ်ပိုးများ	bain: ja' pou: hmwa:
Mikrobe (f)	အကူဇီဝရုပ်	anu zi wa. jou'
Bakterie (f)	ဗက်တီးရီးယားပိုး	be' ti: ji: ja: bou:
Infektion (f)	ရောဂါကူးစက်မှု	jo ga gu: ze' hmu.

50. Symptome. Behandlungen. Teil 3

Krankenhaus (n)	ဆေးရုံ	hsei: joun
Patient (m)	လူနာ	lu na
Diagnose (f)	ရောဂါစစ်ဆေးခြင်း	jo ga zi' hsei: gjin:
Heilung (f)	ဆေးကုထုံး	hsei: ku. doun:
Behandlung (f)	ဆေးဝါးကုသမှု	hsei: wa: gu. dha. hmu.
Behandlung bekommen	ဆေးကုသမှုခံယူသည်	hsei: ku. dha. hmu. dha de
behandeln (vt)	ပြုစုသည်	pju. zu. de
pflegen (Kranke)	ပြုစုစောင့်ရှောက်သည်	pju. zu. zaun. shau' te
Pflege (f)	ပြုစုစောင့်ရှောက်ခြင်း	pju. zu. zaun. shau' chin:
Operation (f)	ခွဲစိတ်ကုသခြင်း	khwe: zei' ku. dha. hin:
verbinden (vt)	ပတ်တီးစည်းသည်	pa' ti: ze: de
Verband (m)	ပတ်တီးစည်းခြင်း	pa' ti: ze: gjin:
Impfung (f)	ကာကွယ်ဆေးထိုးခြင်း	ka gwe hsei: dou: gjin:
impfen (vt)	ကာကွယ်ဆေးထိုးသည်	ka gwe hsei: dou: de
Spritze (f)	ဆေးထိုးခြင်း	hsei: dou: gjin:
eine Spritze geben	ဆေးထိုးသည်	hsei: dou: de
Anfall (m)	ရောဂါ ရုတ်တရက်ကျရောက်ခြင်း	jo ga jou' ta. je' kja. jau' chin:
Amputation (f)	ဖြတ်တောက်ကုသခြင်း	hpja' tau' ku. dha gjin:
amputieren (vt)	ဖြတ်တောက်ကုသသည်	hpja' tau' ku. dha de
Koma (n)	မေ့မြောခြင်း	mei. mjo: gjin:
im Koma liegen	မေ့မြောသည်	mei. mjo: de
Reanimation (f)	အသွင်းကုန်ပြုပုံခြင်း	aswan: boun bju. zu. bjin:
genesen von … (vi)	ရောဂါသက်သာလာလာသည်	jo ga dhe' tha la de

Zustand (m)	ကျန်းမာရေးအခြေအနေ	kjan: ma jei: achei a nei
Bewusstsein (n)	ပြန်လည်သတိရလာခြင်း	pjan le dhadi. ja. la. gjin:
Gedächtnis (n)	မှတ်ဉာဏ်	hma' njan

ziehen (einen Zahn ~)	နုတ်သည်	hna' te
Plombe (f)	သွားပေါက်ဖာထေးမှု	thwa: bau' hpa dei: hmu.
plombieren (vt)	ဖာသည်	hpa de

| Hypnose (f) | အိပ်မွေ့ရခြင်း | ei' mwei. gja. gjin: |
| hypnotisieren (vt) | အိပ်မွေ့ရသည် | ei' mwei. gja. de |

51. Ärzte

Arzt (m)	ဆရာဝန်	hsa ja wun
Krankenschwester (f)	သူနာပြု	thu na bju.
Privatarzt (m)	ကိုယ်ရေး ဆရာဝန်	kou jei: hsaja wun

Zahnarzt (m)	သွားဆရာဝန်	thwa: hsaja wun
Augenarzt (m)	မျက်စိဆရာဝန်	mje' si. za. ja wun
Internist (m)	ရောဂါရှာဖွေရေးဆရာဝန်	jo ga sha bwei jei: hsaja wun
Chirurg (m)	ခွဲစိတ်ကုဆရာဝန်	khwe: hsei' ku hsaja wun

Psychiater (m)	စိတ်ရောဂါအထူးကုဆရာဝန်	sei' jo: ga ahtu: gu. zaja wun
Kinderarzt (m)	ကလေးအထူးကုဆရာဝန်	kalei: ahtu: ku. hsaja wun
Psychologe (m)	စိတ်ပညာရှင်	sei' pjin nja shin
Frauenarzt (m)	မီးယပ်ရောဂါအထူး ကုဆရာဝန်	mi: ja' jo: ga ahtu: gu za. ja wun
Kardiologe (m)	နလုံးရောဂါအထူး ကုဆရာဝန်	hnaloun: jo: ga ahtu: gu. zaja wun

52. Medizin. Medikamente. Accessoires

Arznei (f)	ဆေးဝါး	hsei: wa:
Heilmittel (n)	ကုသခြင်း	ku. dha. gjin:
verschreiben (vt)	ဆေးအညွှန်းပေးသည်	hsa: ahnjun: bwe: de
Rezept (n)	ဆေးညွှန်း	hsei: hnjun:

Tablette (f)	ဆေးပြား	hsei: bja:
Salbe (f)	လိမ်းဆေး	lein: zei:
Ampulle (f)	လေလုံဖန်ပုလင်းငယ်	lei loun ban bu. lin: nge
Mixtur (f)	စပ်ဆေးရည်	sa' ei: je
Sirup (m)	ဖျော်ရည်ဆီ	hpjo jei zi
Pille (f)	ဆေးတောင့်	hsei: daun.
Pulver (n)	အမှုန့်	ahmoun.

Verband (m)	ပတ်တီး	pa' ti:
Watte (f)	ဂွမ်းလိပ်	gwan: lei'
Jod (n)	တင်ဂျာအိုင်ဒင်း	tin gja ein din:

Pflaster (n)	ပလာစတာ	pa. la sata
Pipette (f)	မျက်စဉ်းဝတ်ကိရိယာ	mje' zin: ba' ki. ji. ja
Thermometer (n)	အပူချိန်တိုင်းကိရိယာ	apu gjein dain: gi. ji. ja

Spritze (f)	ဆေးထိုးပြွတ်	hsei: dou: bju'
Rollstuhl (m)	ဘီးတပ်ကုလားထိုင်	bi: da' ku. la: dain
Krücken (pl)	ချိုင်းထောက်	chain: dau'

Betäubungsmittel (n)	အကိုက်အခဲပျောက်ဆေး	akai' akhe: pjau' hsei:
Abführmittel (n)	ဝမ်းနုတ်ဆေး	wan: hnou' hsei:
Spiritus (m)	အရက်ပြန်	aje' pjan
Heilkraut (n)	ဆေးဖက်ဝင်အပင်များ	hsei: hpa' win apin mja:
Kräuter- (z.B. Kräutertee)	ဆွေးဖက်ဝင်အပင်	hsei: hpa' win apin
	နှင့်ဆိုင်သော	hnin. zain de.

LEBENSRAUM DES MENSCHEN

Stadt

53. Stadt. Leben in der Stadt

Stadt (f)	မြို့	mjou.
Hauptstadt (f)	မြို့တော်	mjou. do
Dorf (n)	ရွာ	jwa
Stadtplan (m)	မြို့လမ်းညွှန်မြေပုံ	mjou. lan hnjun mjei boun
Stadtzentrum (n)	မြို့လယ်ခေါင်	mjou. le gaun
Vorort (m)	ဆင်ခြေဖုံးအရပ်	hsin gjei aja'
Vorort-	ဆင်ခြေဖုံးအရပ်ဖြစ်သော	hsin gjei hpoun aja' hpa' te.
Stadtrand (m)	မြို့စွန်	mjou. zun
Umgebung (f)	ပတ်ဝန်းကျင်	pa' wun: gjin:
Stadtviertel (n)	စည်ကားရာမြို့လယ်နေရာ	si: ga: ja mjou. le nei ja
Wohnblock (m)	လူနေရပ်ကွက်	lu nei ja' kwe'
Straßenverkehr (m)	ယာဉ်အသွားအလာ	jin athwa: ala
Ampel (f)	မီးပွိုင့်	mi: bwain.
Stadtverkehr (m)	ပြည်သူပိုင်ခရီးသွား	pji dhu bain gaji: dhwa:
	ယို့ပေါင်းရေး	bou. zaun jei:
Straßenkreuzung (f)	လမ်းဆုံ	lan: zoun
Übergang (m)	လူကူးမျဉ်းကြား	lu gu: mji: gja:
Fußgängerunterführung (f)	မြေအောက်လမ်းကူး	mjei au' lan: gu:
überqueren (vt)	လမ်းကူးသည်	lan: gu: de
Fußgänger (m)	လမ်းသွားလမ်းလာ	lan: dhwa: lan: la
Gehweg (m)	လူသွားလမ်း	lu dhwa: lan:
Brücke (f)	တံတား	dada:
Kai (m)	ကမ်းနားတဖံ	kan: na: da. man
Springbrunnen (m)	ရေပန်း	jei ban:
Allee (f)	ရိပ်သာလမ်း	jei' tha lan:
Park (m)	ပန်းခြံ	pan: gjan
Boulevard (m)	လမ်းဝယ်	lan: ge
Platz (m)	ရင်ပြင်	jin bjin
Avenue (f)	လမ်းမကြီး	lan: mi. gji:
Straße (f)	လမ်း	lan:
Gasse (f)	လမ်းသွယ်	lan: dhwe
Sackgasse (f)	လမ်းဆုံး	lan: zoun:
Haus (n)	အိမ်	ein
Gebäude (n)	အဆောက်အဦ	ahsau' au
Wolkenkratzer (m)	မိုးမျှော်တိုက်	mou: hmjo tou'
Fassade (f)	အိမ်ရှေ့နံရံ	ein shei. nan jan

Dach (n)	အမိုး	amou:
Fenster (n)	ပြတင်းပေါက်	badin: pau'
Bogen (m)	မိုးစာ	mou' wa.
Säule (f)	တိုင်	tain
Ecke (f)	ထောင့်	htaun.

Schaufenster (n)	ဆိုင်ရှေ့ပစ္စည်း အခင်းအကျင်း	hseun shei. bji' si: akhin: akjin:
Firmenschild (n)	ဆိုင်းဘုတ်	hsain: bou'
Anschlag (m)	ပိုစတာ	pou sata
Werbeposter (m)	ကြော်ငြာပိုစတာ	kjo nja bou sata
Werbeschild (n)	ကြော်ငြာဆိုင်းဘုတ်	kjo nja zain: bou'

Müll (m)	အမှိုက်	ahmai'
Mülleimer (m)	အမှိုက်ပုံး	ahmai' poun:
Abfall wegwerfen	လွှင့်ပစ်သည်	hlwin. bi' te
Mülldeponie (f)	အမှိုက်ပုံ	ahmai' poun

Telefonzelle (f)	တယ်လီဖုန်းဆက်ရန်နေရာ	te li hpoun: ze' jan nei ja
Straßenlaterne (f)	လမ်းမီး	lan: mi:
Bank (Park-)	ခုံတန်းရှည်	khoun dan: shei

Polizist (m)	ရဲ	je:
Polizei (f)	ရဲ	je:
Bettler (m)	သူတောင်းစား	thu daun: za:
Obdachlose (m)	အိမ်ယာမဲ့	ein ja me.

54. Innerstädtische Einrichtungen

Laden (m)	ဆိုင်	hsain
Apotheke (f)	ဆေးဆိုင်	hsei: zain
Optik (f)	မျက်မှန်ဆိုင်	mje' hman zain
Einkaufszentrum (n)	ရေးဝင်ဝင်တာ	zei: wun zin da
Supermarkt (m)	ကုန်တိုက်ကြီး	koun dou' kji:

Bäckerei (f)	မုန့်တိုက်	moun. dai'
Bäcker (m)	ပေါင်မုန့်ဖုတ်သူ	paun moun. bou' dhu
Konditorei (f)	မုန့်ဆိုင်	moun. zain
Lebensmittelladen (m)	ကုန်စုံဆိုင်	koun zoun zain
Metzgerei (f)	အသားဆိုင်	atha: ain

Gemüseladen (m)	ဟင်းသီးဟင်းရွက်ဆိုင်	hin: dhi: hin: jwe' hsain
Markt (m)	ဈေး	zei:

Kaffeehaus (n)	ကော်ဖီဆိုင်	ko hpi zain
Restaurant (n)	စားသောက်ဆိုင်	sa: thau' hsain
Bierstube (f)	ဘီယာဆိုင်	bi ja zain:
Pizzeria (f)	ပီဇာမုန့်ဆိုင်	pi za moun. zain

Friseursalon (m)	ဆံပင်ညှပ်ဆိုင်	zain hnja' hsain
Post (f)	စာတိုက်	sa dai'
chemische Reinigung (f)	အဝတ်အခြောက်လျှော်လုပ်ငန်း	awu' achou' hlo: lou' ngan:
Fotostudio (n)	ဓာတ်ပုံရိုက်ခန်း	da' poun jai' khan:
Schuhgeschäft (n)	ဖိနပ်ဆိုင်	hpana' sain

Buchhandlung (f)	စာအုပ်ဆိုင်	sa ou' hsain
Sportgeschäft (n)	အားကစားပစ္စည်းဆိုင်	a: gaza: pji' si: zain
Kleiderreparatur (f)	စက်ပြင်ဆိုင်	se' pjin zain
Bekleidungsverleih (m)	ဝတ်စုံအငှါးဆိုင်	wa' zoun ahnga: zain
Videothek (f)	အခွေငှါးဆိုင်	akhwei hnga: zain:
Zirkus (m)	ဆပ်ကပ်	hsa' ka'
Zoo (m)	တိရစ္ဆာန်ဥယျာဉ်	tharei' hsan u. jin
Kino (n)	ရုပ်ရှင်ရုံ	jou' shin joun
Museum (n)	ပြတိုက်	pja. dai'
Bibliothek (f)	စာကြည့်တိုက်	sa gji. dai'
Theater (n)	ကဇာတ်ရုံ	ka. za' joun
Opernhaus (n)	အော်ပရာဇာတ်ရုံ	o pa ra za' joun
Nachtklub (m)	နိုက်ကလပ်	nai' ka. la'
Kasino (n)	လောင်းကစားရုံ	laun: gaza: joun
Moschee (f)	ဗလီ	bali
Synagoge (f)	ရှုဟူဒီဘုရား ရှိခိုးကျောင်း	ja. hu di bu. ja: shi. gou: gjaun:
Kathedrale (f)	ဘုရားရှိခိုးကျောင်းတော်	hpaja: gjaun: do:
Tempel (m)	ဘုရားကျောင်း	hpaja: gjaun:
Kirche (f)	ဘုရားကျောင်း	hpaja: gjaun:
Institut (n)	တက္ကသိုလ်	te' kathou
Universität (f)	တက္ကသိုလ်	te' kathou
Schule (f)	စာသင်ကျောင်း	sa dhin gjaun:
Präfektur (f)	စီရင်စုနယ်	si jin zu. ne
Rathaus (n)	မြို့တော်ခန်းမ	mjou. do gan: ma.
Hotel (n)	ဟိုတယ်	hou te
Bank (f)	ဘဏ်	ban
Botschaft (f)	သံရုံး	than joun:
Reisebüro (n)	ခရီးသွားလုပ်ငန်း	khaji: thwa: lou' ngan:
Informationsbüro (n)	သတင်းအချက်အလက်ဌာန	dhadin: akje' ale' hta. na.
Wechselstube (f)	ငွေလဲရန်နေရာ	ngwei le: jan nei ja
U-Bahn (f)	မြေအောက်ဥမင်လမ်း	mjei au' u. min lan:
Krankenhaus (n)	ဆေးရုံ	hsei: joun
Tankstelle (f)	ဆီဆိုင်	hsi: zain
Parkplatz (m)	ကားပါကင်	ka: pa kin

55. Schilder

Firmenschild (n)	ဆိုင်းဘုတ်	hsain: bou'
Aufschrift (f)	သတိပေးစာ	dhadi. pei: za
Plakat (n)	ပိုစတာ	pou sata
Wegweiser (m)	လမ်းညွှန်	lan: hnjun
Pfeil (m)	လမ်းညွှန်မြား	lan: hnjun hmja:
Vorsicht (f)	သတိပေးခြင်း	dhadi. pei: gjin:
Warnung (f)	သတိပေးချက်	dhadi. pei: gje'

warnen (vt)	သတိပေးသည်	dhadi. pei: de
freier Tag (m)	ရုံးပိတ်ရက်	joun: bei' je'
Fahrplan (m)	အချိန်ဇယား	achein zaja:
Öffnungszeiten (pl)	ဖွင့်ချိန်	hpwin. gjin
HERZLICH WILLKOMMEN!	ကြိုဆိုပါသည်	kjou hsou ba de
EINGANG	ဝင်ပေါက်	win bau'
AUSGANG	ထွက်ပေါက်	htwe' pau'
DRÜCKEN	တွန်းသည်	tun: de
ZIEHEN	ဆွဲသည်	hswe: de
GEÖFFNET	ဖွင့်သည်	hpwin. de
GESCHLOSSEN	ပိတ်သည်	pei' te
DAMEN, FRAUEN	အမျိုးသမီးသုံး	amjou: dhami: dhoun:
HERREN, MÄNNER	အမျိုးသားသုံး	amjou: dha: dhoun:
AUSVERKAUF	လျှော့ဈေး	sho. zei:
REDUZIERT	လျှော့ဈေး	sho. zei:
NEU!	အသစ်	athi'
GRATIS	အခမဲ့	akha me.
ACHTUNG!	သတိ	thadi.
ZIMMER BELEGT	အလွတ်မရှိ	alu' ma shi.
RESERVIERT	ကြိုတင်မှာယူထားပြီး	kjou tin hma ju da: bji:
VERWALTUNG	စီမံအုပ်ချုပ်ခြင်း	si man ou' chou' chin:
NUR FÜR PERSONAL	အမှုထမ်းအတွက်အသာ	ahmu. htan: atwe' atha
VORSICHT BISSIGER HUND	ခွေးကိုက်တတ်သည်	khwei: kai' ta' te
RAUCHEN VERBOTEN!	ဆေးလိပ်မသောက်ရ	hsei: lei' ma. dhau' ja.
BITTE NICHT BERÜHREN	မထိရ	ma. di. ja.
GEFÄHRLICH	အန္တရာယ်ရှိသည်	an dare shi. de.
VORSICHT!	အန္တရာယ်	an dare
HOCHSPANNUNG	ဗို့အားပြင်း	bou. a: bjin:
BADEN VERBOTEN	ရေမကူးရ	jei ma. gu: ja.
AUßER BETRIEB	ပျက်နေသည်	pje' nei de
LEICHTENTZÜNDLICH	မီးလောင်တတ်သည်	mi: laun da' te
VERBOTEN	တားမြစ်သည်	ta: mji' te
DURCHGANG VERBOTEN	မကျူးကျော်ရ	ma. gju: gjo ja
FRISCH GESTRICHEN	ဆေးမခြောက်သေး	hsei: ma. gjau' dhei:

56. Innerstädtischer Transport

Bus (m)	ဘတ်စ်ကား	ba's ka:
Straßenbahn (f)	ဓာတ်ရထား	da' ja hta:
Obus (m)	ဓာတ်ကား	da' ka:
Linie (f)	လမ်းကြောင်း	lan: gjaun:
Nummer (f)	ကားနံပါတ်	ka: nan ba'
mit ... fahren	ယဉ်စီးသည်	jin zi: de
einsteigen (vi)	ထိုင်သည်	htain de

aussteigen (aus dem Bus)	ကားပေါ်မှဆင်းသည်	ka: bo hma. zin: de
Haltestelle (f)	မှတ်တိုင်	hma' tain
nächste Haltestelle (f)	နောက်မှတ်တိုင်	nau' hma' tain
Endhaltestelle (f)	အဆုံးမှတ်တိုင်	ahsoun: hma' tain
Fahrplan (m)	အချိန်ဇယား	achein zaja:
warten (vi, vt)	စောင့်သည်	saun. de

Fahrkarte (f)	လက်မှတ်	le' hma'
Fahrpreis (m)	ယာဉ်ခိုးခ	jin zi: ga.

Kassierer (m)	ငွေကိုင်	ngwei gain
Fahrkartenkontrolle (f)	လက်မှတ်စစ်ဆေးခြင်း	le' hma' ti' hsei: chin
Fahrkartenkontrolleur (m)	လက်မှတ်စစ်ဆေးသူ	le' hma' ti' hsei: dhu:

sich verspäten	နောက်ကျသည်	nau' kja. de
versäumen (Zug usw.)	ကားနောက်ကျသည်	ka: nau' kja de
sich beeilen	အမြန်လုပ်သည်	aman lou' de

Taxi (n)	တက္ကစီ	te' kasi
Taxifahrer (m)	တက္ကစီမောင်းသူ	te' kasi maun: dhu
mit dem Taxi	တက္ကစီဖြင့်	te' kasi hpjin.
Taxistand (m)	တက္ကစီစုရပ်	te' kasi zu. ja'
ein Taxi rufen	တက္ကစီခေါ်သည်	te' kasi go de
ein Taxi nehmen	တက္ကစီငှါးသည်	te' kasi hnga: de

Straßenverkehr (m)	ယာဉ်အသွားအလာ	jin athwa: ala
Stau (m)	ယာဉ်ကြောပိတ်ဆို့မှု	jin gjo: bei' hsou. hmu.
Hauptverkehrszeit (f)	အလုပ်ဆင်းချိန်	alou' hsin: gjain
parken (vi)	ယာဉ်ရပ်နားရန်နေရာယူသည်	jin ja' na: jan nei ja ju de
parken (vt)	ကားအားပါကင်ထိုးသည်	ka: a: pa kin dou: de
Parkplatz (m)	ပါကင်	pa gin

U-Bahn (f)	မြေအောက်ဥမင်လမ်း	mjei au' u. min lan:
Station (f)	ဘူတာရုံ	bu da joun
mit der U-Bahn fahren	မြေအောက်ရထားဖြင့်သွားသည်	mjei au' ja. da: bjin. dhwa: de
Zug (m)	ရထား	jatha:
Bahnhof (m)	ရထားဘူတာရုံ	jatha: buda joun

57. Sehenswürdigkeiten

Denkmal (n)	ရုပ်တု	jou' tu.
Festung (f)	ခံတပ်ကြီး	khwan da' kji:
Palast (m)	နန်းတော်	nan do
Schloss (n)	ရဲတိုက်	je: dai'
Turm (m)	မျှော်စင်	hmjo zin
Mausoleum (n)	ဂူဗိမာန်	gu bi. man

Architektur (f)	ဗိသုကာပညာ	bi. thu. ka pjin nja
mittelalterlich	အလယ်ခေတ်နှင့်ဆိုင်သော	ale khei' hnin. zain de.
alt (antik)	ရှေးကျသော	shei: gja. de
national	အမျိုးသားနှင့်ဆိုင်သော	amjou: dha: hnin. zain de.
berühmt	နာမည်ကြီးသော	na me gji: de.
Tourist (m)	ကမ္ဘာလှည့်ခရီးသည်	ga ba hli. kha. ji: de
Fremdenführer (m)	လမ်းညွှန်	lan: hnjun

Ausflug (m)	လေ့လာရေးခရီး	lei. la jei: gaji:
zeigen (vt)	ပြသည်	pja. de
erzählen (vt)	ပြောပြသည်	pjo: bja. de

finden (vt)	ရှာတွေ့သည်	sha dwei. de
sich verlieren	ပျောက်သည်	pjau' te
Karte (U-Bahn ~)	မြေပုံ	mjei boun
Karte (Stadt-)	မြေပုံ	mjei boun

Souvenir (n)	အမှတ်တရလက်ဆောင်ပစ္စည်း	ahma' ta ra le' hsaun pji' si:
Souvenirladen (m)	လက်ဆောင်ပစ္စည်းဆိုင်	le' hsaun pji' si: zain
fotografieren (vt)	ဓာတ်ပုံရိုက်သည်	da' poun jai' te
sich fotografieren	ဓာတ်ပုံရိုက်သည်	da' poun jai' te

58. Shopping

kaufen (vt)	ဝယ်သည်	we de
Einkauf (m)	ဝယ်စရာ	we zaja
einkaufen gehen	ရေးဝယ်ထွက်ခြင်း	zei: we htwe' chin:
Einkaufen (n)	ရှော့ပင်း	sho. bin:

| offen sein (Laden) | ဆိုင်ဖွင့်သည် | hsain bwin. de |
| zu sein | ဆိုင်ပိတ်သည် | hseun bi' te |

Schuhe (pl)	ဖိနပ်	hpana'
Kleidung (f)	အဝတ်အစား	awu' aza:
Kosmetik (f)	အလှကုန်ပစ္စည်း	ahla. koun pji' si:
Lebensmittel (pl)	စားသောက်ကုန်	sa: thau' koun
Geschenk (n)	လက်ဆောင်	le' hsaun

| Verkäufer (m) | ရောင်းသူ | jaun: dhu |
| Verkäuferin (f) | ရောင်းသူ | jaun: dhu |

Kasse (f)	ငွေရှင်းရန်နေရာ	ngwei shin: jan nei ja
Spiegel (m)	မှန်	hman
Ladentisch (m)	ကောင်တာ	kaun da
Umkleidekabine (f)	အဝတ်လဲခန်း	awu' le: gan:

anprobieren (vt)	တိုင်းကြည့်သည်	tain: dhi. de
passen (Schuhe, Kleid)	သင့်တော်သည်	thin. do de
gefallen (vi)	ကြိုက်သည်	kjai' de

Preis (m)	ဈေးနှုန်း	zei: hnan:
Preisschild (n)	ဈေးနှုန်းကတ်ပြား	zei: hnan: ka' pja:
kosten (vt)	ကုန်ကျသည်	koun mja. de
Wie viel?	ဘယ်လောက်လဲ	be lau' le:
Rabatt (m)	လျှော့ဈေး	sho. zei:

preiswert	ဈေးမကြီးသော	zei: ma. kji: de.
billig	ဈေးပေါသော	zei: po: de.
teuer	ဈေးကြီးသော	zei: kji: de.
Das ist teuer	ဒါဈေးကြီးတယ်	da zei: gji: de
Verleih (m)	ငှားရမ်းခြင်း	hna: jan: chin:
leihen, mieten (ein Auto usw.)	ငှားရမ်းသည်	hna: jan: de

| Kredit (m), Darlehen (n) | အကြွေးစနစ် | akjwei: sani' |
| auf Kredit | အကြွေးစနစ်ဖြင့် | akjwei: sa ni' hpjin. |

59. Geld

Geld (n)	ပိုက်ဆံ	pai' hsan
Austausch (m)	လဲလှယ်ခြင်း	le: hle gjin:
Kurs (m)	ငွေလဲနှုန်း	ngwei le: hnan:
Geldautomat (m)	အလိုအလျောက်ငွေထုတ်စက်	alou aljau' ngwei htou' se'
Münze (f)	အကြွေစေ့	akjwei zei.

| Dollar (m) | ဒေါ်လာ | do la |
| Euro (m) | ယူရို | ju rou |

Lira (f)	အီတလီ လိုင်ရာငွေ	ita. li lain ja ngwei
Mark (f)	ဂျာမန်မတ်ငွေ	gja man ma' ngwei
Franken (m)	ဖရန့်	hpa. jan.
Pfund Sterling (n)	စတာလင်ပေါင်	sata lin baun
Yen (m)	ယန်း	jan:

Schulden (pl)	အကြွေး	akjwei:
Schuldner (m)	မြီစား	mji za:
leihen (vt)	ချေးသည်	chei: de
leihen, borgen (Geld usw.)	အကြွေးယူသည်	akjwei: ju de

Bank (f)	ဘဏ်	ban
Konto (n)	ငွေစာရင်း	ngwei za jin:
einzahlen (vt)	ထည့်သည်	hte de.
auf ein Konto einzahlen	ငွေသွင်းသည်	ngwei dhwin: de
abheben (vt)	ငွေထုတ်သည်	ngwei dou' te

Kreditkarte (f)	အကြွေးဝယ်ကဒ်ပြား	akjwei: we ka' pja
Bargeld (n)	လက်ငင်း	le' ngin:
Scheck (m)	ချက်	che'
einen Scheck schreiben	ချက်ရေးသည်	che' jei: de
Scheckbuch (n)	ချက်စာအုပ်	che' sa ou'

Geldtasche (f)	ပိုက်ဆံအိတ်	pai' hsan ei'
Geldbeutel (m)	ပိုက်ဆံအိတ်	pai' hsan ei'
Safe (m)	မီးခံသေတ္တာ	mi: gan dhi' ta

Erbe (m)	အမွေစားအမွေခံ	amwei za: amwei gan
Erbschaft (f)	အမွေဆက်ခံခြင်း	amwei ze' khan gjin:
Vermögen (n)	အရွင်းအလမ်း	akhwin. alan:

Pacht (f)	အိမ်ငှါး	ein hnga:
Miete (f)	အခန်းငှါးခ	akhan: hnga: ga
mieten (vt)	ငှားသည်	hnga: de

Preis (m)	ဈေးနှုန်း	zei: hnan:
Kosten (pl)	ကုန်ကျစရိတ်	koun gja. za. ji'
Summe (f)	ပေါင်းလဒ်	paun: la'
ausgeben (vt)	သုံးစွဲသည်	thoun: zwe de
Ausgaben (pl)	စရိတ်စက	zaei' zaga.

sparen (vt)	ချွေတာသည်	chwei da de
sparsam	တွက်ခြေကိုက်သော	twe' chei kai' te.

zahlen (vt)	ပေးချေသည်	pei: gjei de
Lohn (m)	ပေးချေသည့်ငွေ	pei: gjei de. ngwei
Wechselgeld (n)	ပြန်အမ်းငွေ	pjan an: ngwe

Steuer (f)	အခွန်	akhun
Geldstrafe (f)	ဒဏ်ငွေ	dan ngwei
bestrafen (vt)	ဒဏ်ရှိက်သည်	dan jai' de

60. Post. Postdienst

Post (Postamt)	စာတိုက်	sa dai'
Post (Postsendungen)	မေးလ်	mei: l
Briefträger (m)	စာပို့သမား	sa bou. dhama:
Öffnungszeiten (pl)	ဖွင့်ချိန်	hpwin. gjin

Brief (m)	စာ	sa
Einschreibebrief (m)	မှတ်ပုံတင်ပြီးသောစာ	hma' poun din bji: dho: za:
Postkarte (f)	ပို့စကဒ်	pou. sa. ka'
Telegramm (n)	ကြေးနန်း	kjei: nan:
Postpaket (n)	ပါဆယ်	pa ze
Geldanweisung (f)	ငွေလွှဲခြင်း	ngwei hlwe: gjin:

bekommen (vt)	လက်ခံရရှိသည်	le' khan ja. shi. de
abschicken (vt)	ပို့သည်	pou. de
Absendung (f)	ပို့ခြင်း	pou. gjin:

Postanschrift (f)	လိပ်စာ	lei' sa
Postleitzahl (f)	စာပို့သင်္ကေတ	sa bou dhin kei ta.
Absender (m)	ပို့သူ	pou. dhu
Empfänger (m)	လက်ခံသူ	le' khan dhu

Vorname (m)	အမည်	amji
Nachname (m)	မိသားစု မျိုးရိုးနာမည်	mi. dha: zu. mjou: jou: na mji

Tarif (m)	စာပို့ဧ နှန်းထား	sa bou. kha. hnan: da:
Standard- (Tarif)	စံနှန်းသတ်မှတ်ထားသော	san hnoun: dha' hma' hta: de.
Spar- (-tarif)	ကုန်ကျငွေသက်သာသော	koun gja ngwe dhe' dha de.

Gewicht (n)	အလေးချိန်	alei: gjein
abwiegen (vt)	ချိန်သည်	chein de
Briefumschlag (m)	စာအိတ်	sa ei'
Briefmarke (f)	တံဆိပ်ခေါင်း	da zei' khaun:
Briefmarke aufkleben	တံဆိပ်ခေါင်းကပ်သည်	da zei' khaun: ka' te

Wohnung. Haus. Zuhause

61. Haus. Elektrizität

Elektrizität (f)	လျှပ်စစ်ဓာတ်အား	hlja' si' da' a:
Glühbirne (f)	မီးသီး	mi: dhi:
Schalter (m)	ခလုတ်	khalou'
Sicherung (f)	ဖျူးစ်	hpju: s
Draht (m)	ဝိုင်ယာကြိုး	wain ja gjou:
Leitung (f)	လျှပ်စစ်ကြိုးသွယ်တန်းမှု	hlja' si' kjou: dhwe dan: hmu
Stromzähler (m)	လျှပ်စစ်မီတာ	hlja' si' si da
Zählerstand (m)	ပြဿနာပမာဏ	pja. dho: ba ma na.

62. Villa. Schloss

Landhaus (n)	တောအိမ်	to: ein
Villa (f)	ကမ်းခြေအပန်းဖြေအိမ်	kan: gjei apan: hpjei ein
Flügel (m)	တံစက်မြိုတ်	toun ze' mei'
Garten (m)	ဥယျာဉ်	u. jin
Park (m)	ပန်းခြံ	pan: gjan
Orangerie (f)	ဖန်လုံအိမ်	hpan ain
pflegen (Garten usw.)	ပြုစုစောင့်ရှောက်သည်	pju. zu. zaun. shau' te
Schwimmbad (n)	ရေကူးကန်	jei ku: gan
Kraftraum (m)	အိမ်တွင်း ကျန်းမာ	ein dwin: gjan: ma
	ရေးလေ့ကျင့်ရှိ	jei: lei. gjin. joun
Tennisplatz (m)	တင်းနစ်ကွင်း	tin: ni' kwin:
Heimkinoraum (m)	အိမ်တွင်း ရုပ်ရှင်ရုံ	ein dwin: jou' shin joun
Garage (f)	ဂိုဒေါင်	gou daun
Privateigentum (n)	တသီးပုဂ္ဂလိက ပိုင်ဆိုင်မြဲပစ္စည်း	tadhi: pou' ga li ka. bain: zain mjei pji' si:
Privatgrundstück (n)	တသီးပုဂ္ဂလိကပိုင်နယ်မြေ	tadhi: pou' ga li ka. bain: mjei
Warnung (f)	သတိပေးချက်	dhadi. pei: gje'
Warnschild (n)	သတိပေးဆိုင်းပုဒ်	dhadi. pei: zain: bou'
Bewachung (f)	လုံခြုံရေး	loun gjoun jei:
Wächter (m)	လုံခြုံရေးအစောင့်	loun gjoun jei: asaun.
Alarmanlage (f)	သတိလှန့်ခေါင်းလောင်း	thu khou: hlan. khaun: laun:

63. Wohnung

Wohnung (f)	တိုက်ခန်း	tai' khan:
Zimmer (n)	အခန်း	akhan:

Schlafzimmer (n)	အိပ်ခန်း	ei' khan:
Esszimmer (n)	ထမင်းစားခန်း	htamin: za: gan:
Wohnzimmer (n)	ညွှခန်း	e. gan:
Arbeitszimmer (n)	အိမ်တွင်းရုံးခန်းလေး	ein dwin: joun: gan: lei:

Vorzimmer (n)	ဝင်ပေါက်	win bau'
Badezimmer (n)	ရေချိုးခန်း	jei gjou gan:
Toilette (f)	အိမ်သာ	ein dha

Decke (f)	မျက်နှာကြက်	mje' hna gje'
Fußboden (m)	ကြမ်းပြင်	kan: pjin
Ecke (f)	ထောင့်	htaun.

64. Möbel. Innenausstattung

Möbel (n)	ပရိဘောဂ	pa ri. bo: ga.
Tisch (m)	စားပွဲ	sa: bwe:
Stuhl (m)	ကုလားထိုင်	kala; dain
Bett (n)	ကုတင်	ku din
Sofa (n)	ဆိုဖာ	hsou hpa
Sessel (m)	လက်တင်ပါသောကုလားထိုင်	le' tin ba dho: ku. la: dain

Bücherschrank (m)	စာအုပ်စင်	sa ou' sin
Regal (n)	စင်	sin

Schrank (m)	ဗီရို	bi jou
Hakenleiste (f)	နံရံကပ်အဝတ်ချိတ်စင်	nan jan ga' awu' gei' zin
Kleiderständer (m)	အဝတ်ချိတ်စင်	awu' gjei' sin

Kommode (f)	အံဆွဲပါ မှန်တင်ခုံ	an. zwe: pa hman din khoun
Couchtisch (m)	စားပွဲပု	sa: bwe: bu.

Spiegel (m)	မှန်	hman
Teppich (m)	ကော်ဇော	ko zo:
Matte (kleiner Teppich)	ကော်ဇော	ko zo:

Kamin (m)	မီးလင်းဖို	mi: lin: bou
Kerze (f)	ဖယောင်းတိုင်	hpa. jaun dain
Kerzenleuchter (m)	ဖယောင်းတိုင်စိုက်သောတိုင်	hpa. jaun dain zou' tho dain

Vorhänge (pl)	ခန်းဆီးရည်	khan: zi: shei
Tapete (f)	နံရံကပ်စက္ကူ	nan jan ga' se' ku
Jalousie (f)	ယင်းလိပ်	jin: lei'

Tischlampe (f)	စားပွဲတင်မီးအိမ်	sa: bwe: din mi: ein
Leuchte (f)	နံရံမီး	nan jan ga' mi:

Stehlampe (f)	မတ်တပ်မီးစလောင်း	ma' ta' mi: za. laun:
Kronleuchter (m)	မီးပန်းဆိုင်း	mi: ban: zain:

Bein (Tischbein usw.)	ခြေထောက်	chei htau'
Armlehne (f)	လက်တန်း	le' tan:
Lehne (f)	နောက်မှီ	nau' mi
Schublade (f)	အံဆွဲ	an. zwe:

65. Bettwäsche

Bettwäsche (f)	အိပ်ရာခင်းများ	ei' ja khin: mja:
Kissen (n)	ခေါင်းအုံး	gaun: oun:
Kissenbezug (m)	ခေါင်းစွပ်	gaun: zu'
Bettdecke (f)	စောင်	saun
Laken (n)	အိပ်ရာခင်း	ei' ja khin:
Tagesdecke (f)	အိပ်ရာဖုံး	ei' ja hpoun:

66. Küche

Küche (f)	မီးဖိုခန်း	mi: bou gan:
Gas (n)	ဓာတ်ငွေ့	da' ngwei.
Gasherd (m)	ဂတ်စ်မီးဖို	ga' s mi: bou
Elektroherd (m)	လျှပ်စစ်မီးဖို	hlja' si' si: bou
Backofen (m)	မုန့်ဖုတ်ရန်ဖို	moun. bou' jan bou
Mikrowellenherd (m)	မိုက်ခရိုဝေ့ဗ်	mou' kha. jou wei. b

Kühlschrank (m)	ရေခဲသေတ္တာ	je ge: dhi' ta
Tiefkühltruhe (f)	ရေခဲခန်း	jei ge: gan:
Geschirrspülmaschine (f)	ပန်းကန်ဆေးစက်	bagan: zei: ze'

Fleischwolf (m)	အသားကြိတ်စက်	atha: kjei' za'
Saftpresse (f)	အသီးဖျော်စက်	athi: hpjo ze'
Toaster (m)	ပေါင်မုန့်ကင်စက်	paun moun. gin ze'
Mixer (m)	မွှေစက်	hmwei ze'

Kaffeemaschine (f)	ကော်ဖီဖျော်စက်	ko hpi hpjo ze'
Kaffeekanne (f)	ကော်ဖီအိုး	ko hpi ou:
Kaffeemühle (f)	ကော်ဖီကြိတ်စက်	ko hpi kjei ze'

Wasserkessel (m)	ရေနွေးကရားအိုး	jei nwei: gaja: ou:
Teekanne (f)	လက်ဘက်ရည်အိုး	le' be' ji ou:
Deckel (m)	အိုးအဖုံး	ou: ahpoun:
Teesieb (n)	လက်ဖက်ရည်စစ်	le' hpe' ji zi'

Löffel (m)	ဇွန်း	zun:
Teelöffel (m)	လက်ဖက်ရည်ဇွန်း	le' hpe' ji zwan:
Esslöffel (m)	အရည်သောက်ဇွန်း	aja: dhau' zun:
Gabel (f)	ခက်ရင်း	khajin:
Messer (n)	ဓား	da:

Geschirr (n)	အိုးခွက်ပန်းကန်	ou: kwe' pan: gan
Teller (m)	ပန်းကန်ပြား	bagan: bja:
Untertasse (f)	အောက်ခံပန်းကန်ပြား	au' khan ban: kan pja:

Schnapsglas (n)	ဖန်ခွက်	hpan gwe'
Glas (n)	ဖန်ခွက်	hpan gwe'
Tasse (f)	ခွက်	khwe'

Zuckerdose (f)	သကြားခွက်	dhagja: khwe'
Salzstreuer (m)	ဆားဘူး	hsa: bu:
Pfefferstreuer (m)	ငရုတ်ကောင်းဘူး	njou' kaun: bu:

Butterdose (f)	ထောပတ်ခွက်	hto: ba' khwe'
Kochtopf (m)	ပေါင်းအိုး	paun: ou:
Pfanne (f)	ဟင်းကြော်အိုး	hin: gjo ou:
Schöpflöffel (m)	ဟင်းခပ်ဇွန်း	hin: ga' zun
Durchschlag (m)	စနိုခါ	zaga
Tablett (n)	လင်ပန်း	lin ban:

Flasche (f)	ပုလင်း	palin:
Glas (Einmachglas)	ဖန်ဘူး	hpan bu:
Dose (f)	သံဘူး	than bu:

Flaschenöffner (m)	ပုလင်းဖောက်တံ	pu. lin: bau' tan
Dosenöffner (m)	သံဘူးဖောက်တံ	than bu: bau' tan
Korkenzieher (m)	ဝက်အူဖောက်တံ	we' u bau' dan
Filter (n)	ရေစစ်	jei zi'
filtern (vt)	စစ်သည်	si' te

Müll (m)	အမှိုက်	ahmai'
Mülleimer, Treteimer (m)	အမှိုက်ပုံး	ahmai' poun:

67. Bad

Badezimmer (n)	ရေချိုးခန်း	jei gjou gan:
Wasser (n)	ရေ	jei
Wasserhahn (m)	ရေပိုက်ခေါင်း	jei bai' khaun:
Warmwasser (n)	ရေနွေး	jei bu
Kaltwasser (n)	ရေအေး	jei ei:

Zahnpasta (f)	သွားတိုက်ဆေး	thwa: tai' hsei:
Zähne putzen	သွားတိုက်သည်	thwa: tai' te
Zahnbürste (f)	သွားတိုက်တံ	thwa: tai' tan

sich rasieren	ရိတ်သည်	jei' te
Rasierschaum (m)	မုတ်ဆိတ်ရိတ်သုံး	mou' hsei' jei' thoun:
	ဆပ်ပြာမြှုပ်	za' pja hmjou'
Rasierer (m)	သင်တုန်းဓား	thin toun: da:

waschen (vt)	ဆေးသည်	hsei: de
sich waschen	ရေချိုးသည်	jei gjou: de
Dusche (f)	ရေပန်း	jei ban:
sich duschen	ရေချိုးသည်	jei gjou: de

Badewanne (f)	ရေချိုးကန်	jei gjou: gan
Klosettbecken (n)	အိမ်သာ	ein dha
Waschbecken (n)	လက်ဆေးကန်	le' hsei: kan

Seife (f)	ဆပ်ပြာ	hsa' pja
Seifenschale (f)	ဆပ်ပြာခွက်	hsa' pja gwe'

Schwamm (m)	ရေမြှုပ်	jei hmjou'
Shampoo (n)	ခေါင်းလျှော်ရည်	gaun: sho je
Handtuch (n)	တဘက်	tabe'
Bademantel (m)	ရေချိုးခန်းဝတ်စုံ	jei gjou: gan: wu' soun
Wäsche (f)	အဝတ်လျှော်ခြင်း	awu' sho gjin

Waschmaschine (f)	အဝတ်လျှော်စက်	awu' sho ze'
waschen (vt)	နိုဘ်လျှော်သည်	dou bi jo de
Waschpulver (n)	အဝတ်လျှော်ဆပ်ပြာမှုန့်	awu' sho hsa' pja hmun.

68. Haushaltsgeräte

Fernseher (m)	ရုပ်မြင်သံကြားစက်	jou' mjin dhan gja: ze'
Tonbandgerät (n)	အသံသွင်းစက်	athan dhwin: za'
Videorekorder (m)	ဗီဒီယိုပြစက်	bi di jou bja, ze'
Empfänger (m)	ရေဒီယို	rei di jou
Player (m)	ပလေယာစက်	pa. lei ja ze'

Videoprojektor (m)	ဗီဒီယိုပရိုဂျက်တာ	bi di jou pa. jou gje' da
Heimkino (n)	အိမ်တွင်းရုပ်ရှင်ခန်း	ein dwin: jou' shin gan:
DVD-Player (m)	ဒီဗီဒီပလေယာ	di bi di ba lei ja
Verstärker (m)	အသံချဲ့စက်	athan che. zek
Spielkonsole (f)	ဂိမ်းဆလုတ်	gein: kha lou'

Videokamera (f)	ဗွီဒီယိုကင်မရာ	bwi di jou kin ma. ja
Kamera (f)	ကင်မရာ	kin ma. ja
Digitalkamera (f)	ဒီဂျစ်တယ်ကင်မရာ	digji' te gin ma. ja

Staubsauger (m)	ဖုန်စုပ်စက်	hpoun zou' se'
Bügeleisen (n)	မီးပူ	mi: bu
Bügelbrett (n)	မီးပူတိုက်ရန်စင်	mi: bu tai' jan zin

Telefon (n)	တယ်လီဖုန်း	te li hpoun:
Mobiltelefon (n)	မိုဘိုင်းဖုန်း	mou bain: hpoun:
Schreibmaschine (f)	လက်နှိပ်စက်	le' hnei' se'
Nähmaschine (f)	အပ်ချုပ်စက်	a' chou' se'

Mikrophon (n)	စကားပြောစွက်	zaga: bjo: gwe'
Kopfhörer (m)	နားကြပ်	na: kja'
Fernbedienung (f)	အဝေးထိန်းကိရိယာ	awei: htin: ki. ja. ja

CD (f)	စီဒီပြား	si di bja:
Kassette (f)	တိပ်ခွေ	tei' khwei
Schallplatte (f)	ရှေးခေတ်သံုးဓာတ်ပြား	shei: gi' thoun da' pja:

AKTIVITÄTEN DES MENSCHEN

Beruf. Geschäft. Teil 1

69. Büro. Arbeiten im Büro

Büro (Firmensitz)	ရုံး	joun:
Büro (~ des Direktors)	ရုံးခန်း	joun: gan:
Rezeption (f)	ကြိုဆိုလက်ခံရာနေရာ	kjou hsou le' khan ja nei ja
Sekretär (m)	အတွင်းရေးမှူး	atwin: jei: hmu:
Sekretärin (f)	အတွင်းရေးမှူးမ	atwin: jei: hmu: ma
Direktor (m)	ဒါရိုက်တာ	da je' ta
Manager (m)	မန်နေဂျာ	man nei gji
Buchhalter (m)	စာရင်းကိုင်	sajin: gain
Mitarbeiter (m)	ဝန်ထမ်း	wun dan:
Möbel (n)	ပရိဘောဂ	pa ri. bo: ga.
Tisch (m)	စားပွဲ	sa: bwe:
Schreibtischstuhl (m)	အလုပ်ထိုင်ခုံ	alou' htain goun
Rollcontainer (m)	အံဆွဲပါသောပ ရိဘောဂအစုံ	an. zwe: dho: pa. ji. bo: ga. soun
Kleiderständer (m)	ကုတ်အင်္ကျီချိတ်စင်	kou' akji gji' sin
Computer (m)	ကွန်ပျူတာ	kun pju ta
Drucker (m)	ပုံနှိပ်စက်	poun nei' se'
Fax (n)	ဖက်စ်ကူးစက်	hpe's ku: ze'
Kopierer (m)	ဓာတ်ပုံကူးစက်	da' poun gu: ze'
Papier (n)	စက္ကူ	se' ku
Büromaterial (n)	ရုံးသုံးကိရိယာများ	joun: dhoun: gi. ji. ja mja:
Mousepad (n)	မောက်စ်အောက်ခံပြား	mau's au' gan bja:
Blatt (n) Papier	အရွက်	ajwa'
Ordner (m)	ဖိုင်	hpain
Katalog (m)	စာရင်း	sajin:
Adressbuch (n)	ဖုန်းလမ်းညွှန်	hpoun: lan: hnjun
Dokumentation (f)	မှတ်တမ်းတင်ခြင်း	hma' tan: din gjin:
Broschüre (f)	ကြော်ငြာစာစောင်	kjo nja za zaun
Flugblatt (n)	လက်ကမ်းစာစောင်	le' kan: za zaun:
Muster (n)	နမူနာ	na. mu na
Training (n)	လေ့ကျင့်ရေးအစည်းအဝေး	lei. kjin. jei: asi: awei:
Meeting (n)	အစည်းအဝေး	asi: awei:
Mittagspause (f)	နေ့လည်စာစားချိန်	nei. le za za: gjein
eine Kopie machen	မိတ္တူကူးသည်	mi' tu gu: de
vervielfältigen (vt)	မိတ္တူကူးသည်	mi' tu gu: de
ein Fax bekommen	ဖက်စ်လက်ခံရရှိသည်	hpe's le' khan ja. shi. de

ein Fax senden	ဖက်စ်ပို့သည်	hpe's pou. de
anrufen (vt)	ဖုန်းဆက်သည်	hpoun: ze' te
antworten (vi)	ဖြေသည်	hpjei de
verbinden (vt)	ဆက်သွယ်သည်	hse' thwe de
ausmachen (vt)	စီစဉ်သည်	si zin de
demonstrieren (vt)	သရုပ်ပြသည်	thajou' pja. de
fehlen (am Arbeitsplatz ~)	ပျက်ကွက်သည်	pje' kwe' te
Abwesenheit (f)	ပျက်ကွက်ခြင်း	pje' kwe' chin

70. Geschäftsabläufe. Teil 1

Geschäft (n) (z.B. ~ in Wolle)	လုပ်ငန်း	lou' ngan:
Angelegenheit (f)	လုပ်ဆောင်မှု	lou' hsaun hmu.
Firma (f)	စီးပွါးရေးလုပ်ငန်း	si: bwa: jei: lou' ngan:
Gesellschaft (f)	ကုမ္ပဏီ	koun pani
Konzern (m)	ကော်ပိုရေးရှင်း	ko bou jei: shin:
Unternehmen (n)	စီးပွါးရေးလုပ်ငန်း	si: bwa: jei: lou' ngan:
Agentur (f)	ကိုယ်စားလှယ်လုပ်ငန်း	kou za: hle lou' ngan:
Vereinbarung (f)	သဘောတူညီမှုစာချုပ်	dhabo: tu nji hmu. za gjou'
Vertrag (m)	ကန်ထရိုက်	kan ta jou'
Geschäft (Transaktion)	အပေးအယူ	apei: aju
Auftrag (Bestellung)	ကြိုတင်မှာယူခြင်း	kjou din hma ju chin:
Bedingung (f)	စည်းကမ်းချက်	si: kan: gje'
en gros (im Großen)	လက်ကား	le' ka:
Großhandels-	လက်ကားဖြစ်သော	le' ka: bji' te.
Großhandel (m)	လက်ကားရောင်းချမှု	le' ka: jaun: gja. hmu.
Einzelhandels-	လက်လီစနစ်	le' li za. ni'
Einzelhandel (m)	လက်လီရောင်းချမှု	le' li jaun: gja. hmu.
Konkurrent (m)	ပြိုင်ဘက်	pjain be'
Konkurrenz (f)	ပြိုင်ဆိုင်မှု	pjain zain hmu
konkurrieren (vi)	ပြိုင်ဆိုင်သည်	pjain zain de
Partner (m)	စီးပွါးဖက်	si: bwa: be'
Partnerschaft (f)	စီးပွါးဖက်ဖြစ်ခြင်း	si: bwa: be' bji' chin:
Krise (f)	အခက်အခဲကာလ	akhe' akhe: ga la.
Bankrott (m)	ဒေဝါလီခံရခြင်း	dei wa li gan ja gjin
Bankrott machen	ဒေဝါလီခံသည်	dei wa li gan de
Schwierigkeit (f)	အခက်အခဲ	akhe' akhe:
Problem (n)	ပြဿနာ	pjadhana
Katastrophe (f)	ကပ်ဘေး	ka' bei:
Wirtschaft (f)	စီးပွါးရေး	si: bwa: jei:
wirtschaftlich	စီးပွါးရေးနှင့်ဆိုင်သော	si: bwa: jei: hnin zain de.
Rezession (f)	စီးပွါးရေးကျဆင်းမှု	si: bwa: jei: gja zin: hmu.
Ziel (n)	ပန်းတိုင်	pan: dain
Aufgabe (f)	လုပ်ငန်းတာဝန်	lou' ngan: da wan
handeln (Handel treiben)	ကုန်သွယ်သည်	koun dhwe de

Netz (Verkaufs-)	ကွန်ရက်	kun je'
Lager (n)	ပစ္စည်းစာရင်း	pji' si: za jin:
Sortiment (n)	အပိုင်းအခြား	apain: acha:

führende Unternehmen (n)	ခေါင်းဆောင်	gaun: zaun
groß (-e Firma)	ကြီးမားသော	kji: ma: de.
Monopol (n)	တစ်ဦးတည်းချုပ်ကိုင်ထား	ti' u: te: gjou' kain da:

Theorie (f)	သီအိုရီ	thi ou ji
Praxis (f)	လက်တွေ့	le' twei.
Erfahrung (f)	အတွေ့အကြုံ	atwei. akjoun
Tendenz (f)	ဦးတည်ရာ	u: ti ja
Entwicklung (f)	ဖြိုးတိုးတက်မှု	hpjun. bjou: dou: de' hmu.

71. Geschäftsabläufe. Teil 2

| Vorteil (m) | အကျိုးအမြတ် | akjou: amja' |
| vorteilhaft | အကျိုးအမြတ်ရှိသော | akjou: amja' shi. de. |

Delegation (f)	ကိုယ်စားလှယ်အဖွဲ့	kou za: hle ahpwe.
Lohn (m)	လစာ	la. za
korrigieren (vt)	အမှားပြင်သည်	ahma: pjin de
Dienstreise (f)	ဦးပွဲရေးခရီးစဉ်	si: bwa: jei: khaji: zin
Kommission (f)	ကော်မရှင်	ko ma. shin

kontrollieren (vt)	ထိန်းချုပ်သည်	htein: gjou' te
Konferenz (f)	ဆွေးနွေးပွဲ	hswe: nwe: bwe:
Lizenz (f)	လိုင်စင်	lain zin
zuverlässig	ယုံကြည်စိတ်ချရသော	joun kji zei' cha. ja. de.

Initiative (f)	စတင်ခြင်း	sa. tin gjin:
Norm (f)	စံနှုန်း	san hnoun:
Umstand (m)	အခြေအနေ	achei anei
Pflicht (f)	တာဝန်	ta wun

Unternehmen (n)	အဖွဲ့အစည်း	ahpwe. asi:
Organisation (Prozess)	စီစဉ်ခြင်း	si zin gjin:
organisiert (Adj)	စီစဉ်ထားသော	si zin dha de.
Abschaffung (f)	ပယ်ဖျက်ခြင်း	pe hpje' chin:
abschaffen (vt)	ပယ်ဖျက်သည်	pe hpje' te
Bericht (m)	အစီရင်ခံစာ	asi jin gan za

Patent (n)	မူပိုင်ခွင့်	mu bain gwin.
patentieren (vt)	မူပိုင်ခွင့်မှတ်ပုံတင်သည်	mu bain gwin. hma' poun din de
planen (vt)	စီစဉ်သည်	si zin de

Prämie (f)	အပိုဆုကြေး	apou zu. gjei:
professionell	ပညာရှင်အဆင့်တတ်ကျွမ်းသော	pjin nja ahsin da' kjwan: de.
Prozedur (f)	လုပ်ထုံးလုပ်နည်း	lou' htoun: lou' ne:

prüfen (Vertrag ~)	စဉ်းစားသည်	sin: za: de
Berechnung (f)	တွက်ချက်ခြင်း	twe' che' chin:
Ruf (m)	ဂုဏ်သတင်း	goun dha din:

Risiko (n)	စွန့်စားခြင်း	sun. za: gjin:
leiten (vt)	ညွှန်ကြားသည်	hnjun gja: de
Informationen (pl)	သတင်းအချက်အလက်	dhadin: akje' ale'
Eigentum (n)	ပိုင်ဆိုင်မှု	pain zain hmu
Bund (m)	အသင်း	athin:

Lebensversicherung (f)	အသက်အာမခံ	athe' ama. khan
versichern (vt)	အာမခံသည်	a ma. gan de
Versicherung (f)	အာမခံ	a ma. khan

Auktion (f)	လေလံပွဲ	lei lan bwe:
benachrichtigen (vt)	အကြောင်းကြားသည်	akjaun: kja: de
Verwaltung (f)	အုပ်ချုပ်မှု	ou' chou' hmu.
Dienst (m)	ဝန်ဆောင်မှု	wun: zaun hmu.

Forum (n)	ဖိုရမ်	hpou jan
funktionieren (vi)	လည်ပတ်သည်	le ba' te
Etappe (f)	အဆင့်	ahsin.
juristisch	ဥပဒေဆိုင်ရာ	u. ba. dei zain ja
Jurist (m)	ရှေ့နေ	shei. nei

72. Fertigung. Arbeiten

Werk (n)	စက်ရုံ	se' joun
Fabrik (f)	အလုပ်ရုံ	alou' joun
Werkstatt (f)	ဝပ်ရှော့	wu' sho.
Betrieb (m)	ထုတ်လုပ်ရာလုပ်ငန်းခွင်	htou' lou' ja lou' ngan: gwin

Industrie (f)	စက်မှုလုပ်ငန်း	se' hmu. lou' ngan:
Industrie-	စက်မှုလုပ်ငန်းနှင့်ဆိုင်သော	se' hmu. lou' ngan: hnin. zain de.
Schwerindustrie (f)	အကြီးစားစက်မှုလုပ်ငန်း	akji: za: ze' hmu. lou' ngan:
Leichtindustrie (f)	အသေးစားစက်မှုလုပ်ငန်း	athei: za: za' hmu. lou' ngan:

Produktion (f)	ထုတ်ကုန်	htou' koun
produzieren (vt)	ထုတ်လုပ်သည်	tou' lou' te
Rohstoff (m)	ကုန်ကြမ်း	koun gjan:

Vorarbeiter (m), Meister (m)	အလုပ်သမားခေါင်း	alou' dha ma: gaun:
Arbeitsteam (n)	အလုပ်သမားအဖွဲ့	alou' dha ma: ahpwe.
Arbeiter (m)	အလုပ်သမား	alou' dha ma:

Arbeitstag (m)	ရုံးဖွင့်ရက်	joun: hpwin je'
Pause (f)	ရပ်နားခြင်း	ja' na: gjin:
Versammlung (f)	အစည်းအဝေး	asi: awei:
besprechen (vt)	ဆွေးနွေးသည်	hswe: nwe: de

Plan (m)	အစီအစဉ်	asi asin
den Plan erfüllen	အကောင်အထည်ဖော်သည်	akaun ahte bo de
Arbeitsertrag (m)	ကုန်ထုတ်နှုန်း	koun dou' hnan:
Qualität (f)	အရည်အသွေး	aji athwei:
Prüfung, Kontrolle (f)	စစ်ဆေးခြင်း	si' hsei: gjin:
Gütekontrolle (f)	အရည်အသွေးစစ်ဆေး	aji athwei: za' hsei: thon dha' hma
	သုံးသပ်မှု	

Arbeitsplatzsicherheit (f)	လုပ်ငန်းခွင်လုံ ခြုံမှု	lou' ngan: gwin loun gjun hmu.
Disziplin (f)	စည်းကမ်း	si: kan:
Übertretung (f)	ချိုးဖောက်ခြင်း	chou: hpau' chin:
übertreten (vt)	ချိုးဖောက်သည်	chou: hpau' te

Streik (m)	သပိတ်မှောက်ခြင်း	thabei' hmau' chin:
Streikender (m)	သပိတ်မှောက်သူ	thabei' hmau' thu
streiken (vi)	သပိတ်မှောက်သည်	thabei' hmau' te
Gewerkschaft (f)	အလုပ်သမားသမဂ္ဂ	alou' dha ma: dha. me' ga

erfinden (vt)	တီထွင်သည်	ti htwin de
Erfindung (f)	တီထွင်မှု	ti htwin hmu.
Erforschung (f)	သုတေသန	thu. tei thana
verbessern (vt)	တိုးတက်ကောင်းမွန်စေသည်	tou: te' kaun: mun zei de
Technologie (f)	နည်းပညာ	ne: bi nja
technische Zeichnung (f)	နည်းပညာဆိုင်ရာပုံကြမ်း	ne bi nja zain ja boun gjan:

Ladung (f)	ဝန်	wun
Ladearbeiter (m)	ကုန်ထမ်းသမား	koun din dhama:
laden (vt)	ကုန်တင်သည်	koun din de
Beladung (f)	ကုန်တင်ခြင်း	koun din gjin
entladen (vt)	ကုန်ချသည်	koun gja de
Entladung (f)	ကုန်ချခြင်း	koun gja gjin:

Transport (m)	သယ်ယူပို့ဆောင်ရေး	the ju bou. zaun jei:
Transportunternehmen (n)	သယ်ယူပို့.ဆောင်ရေး ကုမ္ပဏီ	the ju bou. zaun jei: koun pa. ni
transportieren (vt)	ပို့.ဆောင်သည်	pou. zaun de

Güterwagen (m)	တွဲ	twe:
Zisterne (f)	တိုင်ကီ	tain ki
Lastkraftwagen (m)	ကုန်တင်ကား	koun din ka:

Werkzeugmaschine (f)	ဖြတ်စက်	hpja' se'
Mechanismus (m)	စက်ကိရိယာ	se' kari. ja

Industrieabfälle (pl)	စက်ရုံစွန့်ပစ်ပစ္စည်း	se' joun zun bi' pji' si:
Verpacken (n)	ထုတ်ပိုးမှု	htou' pou: hmu.
verpacken (vt)	ထုတ်ပိုးသည်	htou' pou: de

73. Vertrag. Zustimmung

Vertrag (m), Auftrag (m)	ကန်ထရိုက်	kan ta jou'
Vereinbarung (f)	သဘောတူညီမှု	dhabo: tu nji hmu.
Anhang (m)	ပူးတွဲ	pu: twe:

einen Vertrag abschließen	သဘောတူစာချုပ်ချုပ်သည်	dhabo: tu za gjou' gjou' te
Unterschrift (f)	လက်မှတ်	le' hma'
unterschreiben (vt)	လက်မှတ်ထိုးသည်	le' hma' htou: de
Stempel (m)	တံဆိပ်	da zei'

Vertragsgegenstand (m)	သဘောတူညီမှု-အကြောင်းအရာ	dhabo: tu nji hmu. akjaun: aja
Punkt (m)	အပိုဒ်ငယ်	apai' nge

Parteien (pl)	စာချုပ်ပါအဖွဲ့များ	sa gjou' pa ahpwe. mja:
rechtmäßige Anschrift (f)	တရားဝင်နေရပ်လိပ်စာ	taja: win nei ja' lei' sa
Vertrag brechen	သဘောတူညီမှု ချိုးဖောက်သည်	dhabo: tu nji hmu. gjou: bau' te
Verpflichtung (f)	အထူးသဖြင့်	a htu: dha. hjin.
Verantwortlichkeit (f)	တာဝန်ဝတ္တရား	ta wun wu' taja:
Force majeure (f)	မလွန်ဆန်နိုင်သောအဖြစ်	ma. lun zan nain de. ahpji'
Streit (m)	အငြင်းအခုံ	anjin: akhoun
Strafsanktionen (pl)	ပြစ်ဒဏ်များ	pji' dan mja:

74. Import & Export

Import (m)	သွင်းကုန်	thwin: goun
Importeur (m)	သွင်းကုန်လုပ်ငန်းရှင်	thwin: goun lou' ngan: shin
importieren (vt)	တင်သွင်းသည်	tin dhwin: de
Import-	သွင်းကုန်နှင့်ဆိုင်သော	thwin: goun hnin. zain de.
Export (m)	ပို့ကုန်	pou. goun
Exporteur (m)	ပို့ကုန်လုပ်ငန်းရှင်	pou. goun lou' ngan: shin
exportieren (vt)	ကုန်တင်ပို့သည်	koun tin pou. de
Export-	တင်ပို့သော	tin bou. de.
Waren (pl)	ကုန်ပစ္စည်း	koun pji' si:
Partie (f), Ladung (f)	ပို့ကုန်	pou. goun
Gewicht (n)	အလေးချိန်	alei: gjein
Volumen (n)	ပမာဏ	pa. ma na.
Kubikmeter (m)	ကုဗမီတာ	ku. ba mi ta
Hersteller (m)	ထုတ်လုပ်သူ	tou' lou' thu
Transportunternehmen (n)	သယ်ယူပို့ဆောင်ရေး ကုမ္ပဏီ	the ju bou. zaun jei: koun pa. ni
Container (m)	ကွန်တိန်နာ	kun tein na
Grenze (f)	နယ်နိမိတ်	ne ni. mei'
Zollamt (n)	အကောက်ခွန်	akau' khun
Zoll (m)	အကောက်ခွန်နှုန်း	akau' khun hnoun:
Zollbeamter (m)	အကောက်ခွန်အရာရှိ	akau' khun aja shi.
Schmuggel (m)	မှောင်ခို	hmaun gou
Schmuggelware (f)	မှောင်ခိုပစ္စည်း	hmaun gou pji' si:

75. Finanzen

Aktie (f)	စတော့ရှယ်ယာ	sato. shera
Obligation (f)	ငွေချေးစာချုပ်	ngwei gjei: za gju'
Wechsel (m)	ငွေပေးချေရန် ကတိစာချုပ်	ngwei bei: gjei jan ga. di. za gju'
Börse (f)	စတော့ရှယ်ယာဒိုင်	sato. shera dain
Aktienkurs (m)	စတော့ဈေးနှုန်း	sato. zei: hnoun:
billiger werden	ဈေးနှုန်းကျဆင်းသည်	zei: hnan: gja. zin: de

teuer werden	ဈေးနှုန်းတက်သည်	zei: hnan: de' de
Anteil (m)	ရှယ်ယာ	she ja
Mehrheitsbeteiligung (f)	ရှယ်ယာအများစုကို ပိုင်ဆိုင်ခြင်း	she ja amja: zu. gou bain zain gjin:

Investitionen (pl)	ရင်းနှီးမြှုပ်နှံမှု	jin: hni: hmjou' hnan hmu.
investieren (vt)	ရင်းနှီးမြှုပ်နှံသည်	jin: hni: hmjou' hnan de
Prozent (n)	ရာခိုင်နှုန်း	ja gain hnan:
Zinsen (pl)	အတိုး	atou:

Gewinn (m)	အမြတ်	amja'
gewinnbringend	အမြတ်ရသော	amja' ja de.
Steuer (f)	အခွန်	akhun

| Währung (f) | ငွေကြေး | ngwei kjei: |
| Landes-
Geldumtausch (m) | အမျိုးသားနှင့်ဆိုင်သော
လဲလှယ်ခြင်း | amjou: dha: hnin. zain de.
le: hle gjin: |

| Buchhalter (m) | စာရင်းကိုင် | sajin: gain |
| Buchhaltung (f) | စာရင်းကိုင်လုပ်ငန်း | sajin: gain lou' ngan: |

Bankrott (m)	ဒေဝါလီခံရခြင်း	dei wa li gan ja gjin
Zusammenbruch (m)	ရုပ်တရွတ်စီးပွါးရေး ထိုးကျခြင်း	jou' ta ja' si: bwa: jei: dou: gja. gjin:
Pleite (f)	ကြီးကြာသောအပျက်အစီး	kji: zwa dho apje' asi:
pleite gehen	ပျက်စီးဆုံးရှုံးသည်	pje' si: zoun: shoun: de
Inflation (f)	ငွေကြေးဖောင်းပွခြင်း	ngwei kjei: baun: bwa. gjin:
Abwertung (f)	ငွေကြေးတန်ဖိုးရှုခြင်း	ngwei kjei: dan bou: gja gjin:

Kapital (n)	အရင်းအနှီးငွေ	ajin: ani: ngwei
Einkommen (n)	ဝင်ငွေ	win ngwei
Umsatz (m)	အနှတ်အသိမ်း	anou' athin:
Mittel (Reserven)	အရင်းအမြစ်များ	ajin: amja' mja:
Geldmittel (pl)	ငွေကြေးအရင်းအမြစ်များ	ngwei kjei: ajin: amji' mja:

| Gemeinkosten (pl) | အထွေထွေအသုံးစရိတ် | a htwei htwei athoun: za. jei' |
| reduzieren (vt) | လျှော့ချသည် | sho. cha. de |

76. Marketing

Marketing (n)	ဈေးကွက်ရှာဖွေရေး	zei: gwe' sha bwei jei:
Markt (m)	ဈေးကွက်	zei: gwe'
Marktsegment (n)	ဈေးကွက်အစိတ်အပိုင်း	zei: gwe' asei' apain:
Produkt (n)	ထုတ်ကုန်	htou' koun
Waren (pl)	ကုန်ပစ္စည်း	koun pji' si:

Schutzmarke (f)	အမှတ်တံဆိပ်	ahma' tan zin
Handelsmarke (f)	ကုန်အမှတ်တံဆိပ်	koun ahma' tan hsi'
Firmenzeichen (n)	မှိုင်အမှတ်တံဆိပ်	mu bain ahma' dan zei'
Logo (n)	တံဆိပ်	da zei'

Nachfrage (f)	တောင်းဆိုချက်	taun: hsou che'
Angebot (n)	ထောက်ပံ့ခြင်း	htau' pan. gjin:
Bedürfnis (n)	လိုအပ်မှု	lou a' hmu.

Verbraucher (m)	သုံးစွဲသူ	thoun: zwe: dhu
Analyse (f)	ရှိခြင်းစိတ်ဖြာခြင်း	khwe: gjan: zei' hpa gjin:
analysieren (vt)	ရှိခြင်းစိတ်ဖြာသည်	khwe: gjan: zei' hpa de
Positionierung (f)	နေရာရှာခြင်း	nei ja hja gjin:
positionieren (vt)	နေရာရှာသည်	nei ja sha de

Preis (m)	ဈေးနှန်း	zei: hnan:
Preispolitik (f)	ဈေးနှန်းမူဝါဒ	zei: hnan: m wada.
Preisbildung (f)	ဈေးနှန်းဖြစ်တည်ခြင်း	zei: hnan: bji' te gjin:

77. Werbung

Werbung (f)	ကြော်ငြာ	kjo nja
werben (vt)	ကြော်ငြာသည်	kjo nja de
Budget (n)	ဘတ်ဂျက်	ba' gje'

Werbeanzeige (f)	ခန့်မှန်းငွေရှ သုံးငွေတာရင်း	khan hman: gjei ja. dhu: ngwei za jin:
Fernsehwerbung (f)	တီဗီကြော်ငြာ	ti bi gjo nja
Radiowerbung (f)	ရေဒီယိုကြော်ငြာ	rei di jou gjo nja
Außenwerbung (f)	ပြင်ပကြော်ငြာ	pjin ba. gjo nja

Massenmedien (pl)	လူထုဆက်သွယ်ရေး	lu du. ze' thwe jei:
Zeitschrift (f)	ပုံမှန်ထုတ်မဂ္ဂဇင်း	poun hmein dou' ma' ga. zin:
Image (n)	ပုံရိပ်	poun jei'

| Losung (f) | ကြွေးကြော်သံ | kjwei: kjo dhan |
| Motto (n) | ဆောင်ပုဒ် | hsaun bou' |

Kampagne (f)	အစီအစဉ်	asi asin
Werbekampagne (f)	ကြော်ငြာအစီအစဉ်	kjo nja a si asin
Zielgruppe (f)	ပစ်မှတ်အုပ်စု	pi' hma' ou'zu.

Visitenkarte (f)	လုပ်ငန်းသုံးလိပ်စာကဒ်ပြား	lou' ngan: loun: lei' sa ka' pja:
Flugblatt (n)	လက်ကမ်းစာစောင်	le' kan: za zaun:
Broschüre (f)	ကြော်ငြာစာအုပ်ငယ်	kjo nja za ou' nge
Faltblatt (n)	လက်ကမ်းစာစောင်	le' kan: za zaun:
Informationsblatt (n)	သတင်းလွှာ	dhadin: hlwa

Firmenschild (n)	ဆိုင်းဘုတ်	hsain: bou'
Plakat (n)	ပိုစတာ	pou sata
Werbeschild (n)	ကြော်ငြာဆိုင်းဘုတ်	kjo nja zain: bou'

78. Bankgeschäft

| Bank (f) | ဘဏ် | ban |
| Filiale (f) | ဘဏ်ခွဲ | ban gwe: |

Berater (m)	အတိုင်ပင်ခံပုဂ္ဂိုလ်	atain bin gan bou' gou
Leiter (m)	မန်နေဂျာ	man nei gji
Konto (n)	ဘဏ်ငွေစာရင်း	ban ngwei za jin
Kontonummer (f)	ဘဏ်စာရင်းနံပါတ်	ban zajin: nan. ba'

| Kontokorrent (n) | ဘဏ်စာရင်းရှင် | ban zajin: shin |
| Sparkonto (n) | ဘဏ်ငွေစုစာရင်း | ban ngwei zu. za jin |

ein Konto eröffnen	ဘဏ်စာရင်းဖွင့်သည်	ban zajin: hpwin. de
das Konto schließen	ဘဏ်စာရင်းပိတ်သည်	ban zajin: bi' te
einzahlen (vt)	ငွေသွင်းသည်	ngwei dhwin: de
abheben (vt)	ငွေထုတ်သည်	ngwei dou' te

Einzahlung (f)	အဝင်ငွေ	a' ngwei
eine Einzahlung machen	ငွေအဝင်သည်	ngwei a' te
Überweisung (f)	ကြေးနန်းဖြင့်ငွေလွှဲခြင်း	kjei: nan: bjin. ngwe hlwe: gjin
überweisen (vt)	ကြေးနန်းဖြင့်ငွေလွှဲသည်	kjei: nan: bjin. ngwe hlwe: de

| Summe (f) | ပေါင်းလဒ် | paun: la' |
| Wieviel? | ဘယ်လောက်လဲ | be lau' le: |

| Unterschrift (f) | လက်မှတ် | le' hma' |
| unterschreiben (vt) | လက်မှတ်ထိုးသည် | le' hma' htou' de |

Kreditkarte (f)	အကြွးဝယ်ကဒ်-ခရက်ဒစ်ကဒ်	achwei: we ka' - ka' je' da' ka'
Code (m)	ကုန်နံပါတ်	kou' nan ba'
Kreditkartennummer (f)	ခရက်ဒစ်ကဒ်နံပါတ်	kha. je' di' ka' nan ba'
Geldautomat (m)	အလိုအလျောက်ငွေထုတ်စက်	alou aljau' ngwei htou' se'

Scheck (m)	ချက်လက်မှတ်	che' le' hma'
einen Scheck schreiben	ချက်ရေးသည်	che' jei: de
Scheckbuch (n)	ချက်စာအုပ်	che' sa ou'

Darlehen (m)	ချေးငွေ	chei: ngwei
ein Darlehen beantragen	ချေးငွေလျှောက်လွှာတင်သည်	chei: ngwei shau' hlwa din de
ein Darlehen aufnehmen	ချေးငွေရယူသည်	chei: ngwei ja. ju de
ein Darlehen geben	ချေးငွေထုတ်ပေးသည်	chei: ngwei htou' pei: de
Sicherheit (f)	အာမခံပစ္စည်း	a ma. gan bji' si:

79. Telefon. Telefongespräche

Telefon (n)	တယ်လီဖုန်း	te li hpoun:
Mobiltelefon (n)	မိုဘိုင်းဖုန်း	mou bain: hpoun:
Anrufbeantworter (m)	ဖုန်းတွေ့ခက်	hpoun: du: ze'

| anrufen (vt) | ဖုန်းဆက်သည် | hpoun: ze' te |
| Anruf (m) | အဝင်ဖုန်း | awin hpun: |

eine Nummer wählen	နံပါတ် နှိပ်သည်	nan ba' hnei' te
Hallo!	ဟလို	ha. lou
fragen (vt)	မေးသည်	mei: de
antworten (vi)	ဖြေသည်	hpjei de

hören (vt)	ကြားသည်	ka: de
gut (~ aussehen)	ကောင်းကောင်း	kaun: gaun:
schlecht (Adv)	အရမ်းမကောင်း	ajan: ma. gaun:
Störungen (pl)	ဖြတ်ဝင်သည့်လှုတ်ခံ	hpja' win dhi. zu njan dhan
Hörer (m)	တယ်လီဖုန်းနားကြပ်ပိုင်း	te li hpoun: na: gja' pain:

| den Hörer abnehmen | ဖုန်းကောက်ကိုင်သည် | hpoun: gau' gain de |
| auflegen (den Hörer ~) | ဖုန်းချသည် | hpoun: gja de |

besetzt	လိုင်းမအားသော	lain: ma. a: de.
läuten (vi)	မြည်သည်	mji de
Telefonbuch (n)	တယ်လီဖုန်းလမ်းညွှန်စာအုပ်	te li hpoun: lan: hnjun za ou'

Orts-	ပြည်တွင်းဒေသသတ္တွင်းဖြစ်သော	pji dwin: dei. dha dwin: bji' te.
Ortsgespräch (n)	ပြည်တွင်းခေါ် ဆိုမှ	pji dwin: go zou hmu.
Auslands-	အပြည်ပြည်ဆိုင်ရာဖြစ်သော	apji pji zain ja bja' de.
Auslandsgespräch (n)	အပြည်ပြည်ဆိုင်ရာခေါ် ဆိုမှ	apji pji zain ja go: zou hmu
Fern-	အဝေးခေါ် ဆိုနိုင်သော	awei: go zou nain de.
Ferngespräch (n)	အဝေးခေါ် ဆိုမှ	awei: go zou hmu.

80. Mobiltelefon

Mobiltelefon (n)	မိုဘိုင်းဖုန်း	mou bain: hpoun:
Display (n)	ပြသရြင်း	pja. dha. gjin:
Knopf (m)	ခလုတ်	khalou'
SIM-Karte (f)	ဆင်းကဒ်	hsin: ka'

Batterie (f)	ဘတ်ထရီ	ba' hta ji
leer sein (Batterie)	ဖုန်းအားကုန်သည်	hpoun: a: goun: de
Ladegerät (n)	အားသွင်းကြီး	a: dhwin: gjou:

Menü (n)	အစားအသောက်စာရင်း	asa: athau' sa jin:
Einstellungen (pl)	ချိန်ညှိခြင်း	chein hnji. chin:
Melodie (f)	တီးလုံး	ti: loun:
auswählen (vt)	ရွေးချယ်သည်	jwei: che de

Rechner (m)	ဂဏန်းပေါင်းစက်	ganan: baun: za'
Anrufbeantworter (m)	အသံမေးလ်	athan mei:l
Wecker (m)	နှိုးစက်	hnou: ze'
Kontakte (pl)	ဖုန်းအဆက်အသွယ်များ	hpoun: ase' athwe mja:

| SMS-Nachricht (f) | မက်ဆေ့ချ် | me' zei. gja |
| Teilnehmer (m) | အသုံးပြုသူ | athoun: bju. dhu |

81. Bürobedarf

| Kugelschreiber (m) | ဘောပင် | bo pin |
| Federhalter (m) | ဖောင်တိန် | hpaun din |

Bleistift (m)	ခဲတံ	khe: dan
Faserschreiber (m)	အရောင်တောက်မင်တံ	ajaun dau' min dan
Filzstift (m)	ရေဆေးစုတ်တံ	jei zei: zou' tan

| Notizblock (m) | မှတ်စုစာအုပ် | hma' su. za ou' |
| Terminkalender (m) | နေ့စဉ်မှတ်တမ်းစာအုပ် | nei. zin hma' tan: za ou' |

| Lineal (n) | ပေတံ | pei dan |
| Rechner (m) | ဂဏန်းပေါင်းစက် | ganan: baun: za' |

Radiergummi (m)	ခဲဖျက်	khe: bje'
Reißzwecke (f)	ထိပ်ပြားးကြီးသံရို	htei' pja: gji: dhan hmou
Heftklammer (f)	တွယ်ချိတ်	twe gjei'

Klebstoff (m)	ကော်	ko
Hefter (m)	စာကက်ပလာ	sate' pa. la
Locher (m)	အပေါက်ဖောက်စက်	apau' hpau' se'
Bleistiftspitzer (m)	ခဲချွန်စက်	khe: chun ze'

82. Geschäftsarten

Buchführung (f)	စာရင်းကိုင်ဝန်ဆောင်မှု	sajin: gain wun zaun hmu.
Werbung (f)	ကြော်ငြာ	kjo nja
Werbeagentur (f)	ကြော်ငြာလုပ်ငန်း	kjo nja lou' ngan:
Klimaanlagen (pl)	လေအေးးစက်	lei ei: ze'
Fluggesellschaft (f)	လေကြောင်း	lei gjaun:

Spirituosen (pl)	အရက်သေစာ	aje' dhei za
Antiquitäten (pl)	ရှေးဟောင်းပစ္စည်း	shei: haun: bji' si:
Kunstgalerie (f)	အနုပညာပြခန်း	anu. pjin ja pja. gan:
Rechnungsprüfung (f)	စာရင်းစစ်ဆေးးခြင်း	sajin: zi' hsei: gjin:

Bankwesen (n)	ဘဏ်လုပ်ငန်း	ban lou' ngan:
Bar (f)	ဘား	ba:
Schönheitssalon (m)	အလှပြင်ဆိုင်	ahla. bjin zain:
Buchhandlung (f)	စာအုပ်ဆိုင်	sa ou' hsain
Bierbrauerei (f)	ဘီယာချက်စက်ရုံ	bi ja gje' se' joun
Bürogebäude (n)	ရုံးဖွဲ့ရေးးလုပ်ငန်းးဝင်တာ	si: bwa: jei: lou' ngan: zin da
Business-Schule (f)	ရုံးဖွဲ့ရေးကျောင်း	si: bwa: jei: gjaun:

Kasino (n)	လောင်းကစားရုံ	laun: gaza: joun
Bau (m)	ဆောက်လုပ်ရေးးလုပ်ငန်း	hsau' lou' jei: lou' ngan:
Beratung (f)	လူနာစမ်းသပ်ခန်း	lu na zan: dha' khan:

Stomatologie (f)	သွားးဆေးးခန်း	thwa: hsei: gan:
Design (n)	ဒီဇိုင်း	di zain:
Apotheke (f)	ဆေးဆိုင်	hsei: zain
chemische Reinigung (f)	အဝတ်အခြောက်လျှော်လုပ်ငန်း	awu' achou' hlo: lou' ngan:
Personalagentur (f)	အလုပ်အကိုင်ရှာဖွေ ရေးးလုပ်ခန်း	alou' akain sha hpwei jei: lou' ngan:

Finanzdienstleistungen (pl)	ငွေကြေးဝန်ဆောင် မှုလုပ်ငန်း	ngwei kjei: wun zaun hmu lou' ngan:
Nahrungsmittel (pl)	စားသုံးကုန်များ	sa: dhoun: goun mja:
Bestattungsinstitut (n)	အသုဘဝန်ဆောင် မှုလုပ်ငန်း	athu. ba. wun zaun hmu. lou' ngan:
Möbel (n)	ပရိဘောဂ	pa ri. bo: ga.
Kleidung (f)	အဝတ်အစား	awu' aza:
Hotel (n)	ဟိုတယ်	hou te

Eis (n)	ရေခဲမုန့်	jei ge: moun.
Industrie (f)	စက်မှုလုပ်ငန်း	se' hmu. lou' ngan:
Versicherung (f)	အာမခံလုပ်ငန်း	a ma. khan lou' ngan:
Internet (n)	အင်တာနက်	in ta na'

Deutsch	Birmanisch	Aussprache
Investitionen (pl)	ရင်းနှီးမြှုပ်နှံမှု	jin: hni: hmjou' hnan hmu.
Juwelier (m)	လက်ဝတ်ရတနာကုန်သည်	le' wa' ja. da. na goun de
Juwelierwaren (pl)	လက်ဝတ်ရတနာ	le' wa' ja. da. na
Wäscherei (f)	နီဝီလုပ်ငန်း	dou bi lou' ngan:
Rechtsberatung (f)	ဥပဒေအကြံပေး	u. ba. dei akjan bei:
Leichtindustrie (f)	အပေါစားစက်မှုလုပ်ငန်း	athei: za: za' hmu. lou' ngan:

Zeitschrift (f)	မဂ္ဂဇင်းစာစောင်	ma' ga. zin: za zaun
Versandhandel (m)	အော်ဒါရှိရာထိုက်မှ ပို့ဆောင်ခြင်း	o da ko sa dai' hma. bou. hsaun gjin:
Medizin (f)	ဆေးပညာ	hsei: pjin nja
Kino (Filmtheater)	ရုပ်ရှင်ရုံ	jou' shin joun
Museum (n)	ပြတိုက်	pja. dai'

Nachrichtenagentur (f)	သတင်းဌာန	dhadin: hta. na.
Zeitung (f)	သတင်းစာ	dhadin: za
Nachtklub (m)	နိုက်ကလပ်	nai' ka. la'

Erdöl (n)	ရေနံ	jei nan
Kurierdienst (m)	ပစ္စည်းပို့ဆောင်ရေးလုပ်ငန်း	pji' si: bou. zain jei: lou' ngan:
Pharmaindustrie (f)	လူသုံးဆေးဝါး လုပ်ငန်း	lu dhoun: zei: wa: lou' ngan:
Druckindustrie (f)	ပုံနှိပ်ခြင်း	poun nei' chin:
Verlag (m)	ပုံနှိပ်ထုတ်ဝေ သည့်ကုမ္ပဏီ	poun nei' htou' wei dhi. koun pani

Rundfunk (m)	ရေဒီယို	rei di jou
Immobilien (pl)	အိမ်ခြံမြေလုပ်ငန်း	ein gjan mjei lu' ngan:
Restaurant (n)	စားသောက်ဆိုင်	sa: thau' hsain

Sicherheitsagentur (f)	လုံခြုံရေးအကျိုး ဆောင်ကုမ္ပဏီ	loun gjoun jei: akjou: zaun koun pa. ni
Sport (m)	အားကစား	a: gaza:
Börse (f)	စတော့ရှောင်းဝယ်ရေးဌာန	sato. jaun: we jei: hta. na.
Laden (m)	ဆိုင်	hsain
Supermarkt (m)	ကုန်တိုက်ကြီး	koun dou' kji:
Schwimmbad (n)	ရေကူးကန်	jei ku: gan

Atelier (n)	အပန်ဖြေလုပ်ငန်း	a' chou' lu' ngan:
Fernsehen (n)	ရုပ်မြင်သံကြား	jou' mjin dhan gja:
Theater (n)	ကဇာတ်ရုံ	ka. za' joun
Handel (m)	ကုန်သွယ်ရေး	koun dhwe jei:
Transporte (pl)	သယ်ယူပို့ဆောင်ရေး လုပ်ငန်း	the ju bou. zaun jei: lou' ngan:
Reisen (pl)	ခရီးသွားလုပ်ငန်း	khaji: thwa: lou' ngan:

Tierarzt (m)	တိရစ္ဆာန်ကုဆရာဝန်	tharei' hsan gu. zaja wun
Warenlager (n)	ကုန်လှောင်ရုံ	koun hlaun joun
Müllabfuhr (f)	စွန့်ပစ်ပစ္စည်းစုဆောင်းခြင်း	sun. bi' pji' si: zu zaun: ghin:

Arbeit. Geschäft. Teil 2

83. Show. Ausstellung

Ausstellung (f)	ပြပွဲ	pja. bwe:
Handelsausstellung (f)	ကုန်စည်ပြပွဲ	koun zi pja pwe
Teilnahme (f)	ပါဝင်ဆင်နွှဲမှု	pa win zhin hnwe: hmu.
teilnehmen (vi)	ပါဝင်ဆင်နွှဲသည်	pa win zin hnwe: de
Teilnehmer (m)	ပါဝင်ဆင်နွှဲသူ	pa win zhin hnwe: dhu
Direktor (m)	ဒါရိုက်တာ	da je' ta
Messeverwaltung (f)	ဦးစီးဦးဆောင်သူအဖွဲ့	u: zi: u: zaun dhu ahpwe:
Organisator (m)	စီစဉ်သူ	si zin dhu
veranstalten (vt)	စီစဉ်သည်	si zin de
Anmeldeformular (n)	ပါဝင်ရန်ဖြည့်စွက်ရသောပုံစံ	pa win jan bje zwe' ja. dho: boun zan
ausfüllen (vt)	ဖြည့်သည်	hpjei. de
Details (pl)	အသေးစိတ်အချက်အလက်များ	athei zi' ache' ala' mja:
Information (f)	သတင်းအချက်အလက်	dhadin: akje' ale'
Preis (m)	ဈေးနှုန်း	zei: hnan:
einschließlich	အပါအဝင်	apa awin
einschließen (vt)	ပါဝင်သည်	pa win de
zahlen (vt)	ပေးချေသည်	pei: gjei de
Anmeldegebühr (f)	မှတ်ပုံတင်ခ	hma' poun din ga.
Eingang (m)	ဝင်ပေါက်	win bau'
Pavillon (m)	ပြခန်းယာယီအဆောက်အအုံ	pja. gan: ja ji ahsau' aoun
registrieren (vt)	စာရင်းသွင်းသည်	sajin: dhwin: de
Namensschild (n)	တံဆိပ်	da zei'
Stand (m)	ပြပွဲစင်	pja. bwe: zin
reservieren (vt)	ကြိုတင်မှာသည်	kjou tin hma de
Vitrine (f)	ပစ္စည်းပြရန်မှန်ဘောင်	pji' si: bja. jan hman baun
Strahler (m)	မီးမောင်း	mi: maun:
Design (n)	ဒီဇိုင်း	di zain:
stellen (vt)	နေရာချသည်	nei ja gja de
gelegen sein	တည်ရှိသည်	ti shi. de
Distributor (m)	ဖြန့်ဝေသူ	hpjan. wei dhu
Lieferant (m)	ပေးသွင်းသူ	pei: dhwin: dhu
liefern (vt)	ပေးသွင်းသည်	pei: dhwin: de
Land (n)	နိုင်ငံ	nain ngan
ausländisch	နိုင်ငံခြားနှင့်ဆိုင်သော	nain ngan gja: hnin. zain de.
Produkt (n)	ထုတ်ကုန်	htou' koun
Assoziation (f)	အဖွဲ့အစည်း	ahpwe. asi:

Konferenzraum (m)	ေဆြးေႏြးပြဲခန်းမ	hswe: nwe: bwe: gan: ma.
Kongress (m)	ညီလာခံ	nji la gan
Wettbewerb (m)	ပြိုင်ပွဲ	pjain bwe:

Besucher (m)	ဧည့်သည်	e. dhe
besuchen (vt)	လာေရာက်လေ့လာသည်	la jau' lei. la de
Auftraggeber (m)	ဖောက်သည်	hpau' te

84. Wissenschaft. Forschung. Wissenschaftler

Wissenschaft (f)	သိပ္ပံပညာ	thei' pan pin nja
wissenschaftlich	သိပ္ပံပညာထိုင်ရာ	thei' pan pin nja zein ja
Wissenschaftler (m)	သိပ္ပံပညာရှင်	thei' pan pin nja shin
Theorie (f)	သီအိုရီ	thi ou ji

Axiom (n)	နဂိုမှန်အဆို	na. gou hman ahsou
Analyse (f)	ရှုမြင်းစိတ်ဖြာခြင်း	khwe: gjan: zei' hpa gjin:
analysieren (vt)	ရှုမြင်းစိတ်ဖြာသည်	khwe: gjan: zei' hpa de
Argument (n)	အကြောင်းပြရျက်	akjaun: pja. gje'
Substanz (f)	အထည်	a hte

Hypothese (f)	အေြခခံသေဘာတရားအယူအဆ	achei khan dha. bo da. ja: aju ahsa.
Dilemma (n)	အကျပ်ရိုက်ခြင်း	akja' shi' chin:
Dissertation (f)	သုတေသနစာတမ်း	thu. tei thana za dan:
Dogma (n)	တရားသေလက်ခံ ထားသောဝါဒ	taja: dhei le' khan da: dho: wa da

Doktrin (f)	သြဝါဒ	thja. wa da.
Forschung (f)	သုတေသန	thu. tei thana
forschen (vi)	သုတေသနပြုသည်	thu. tei thana bjou de
Kontrolle (f)	စမ်းသပ်ခြင်း	san: dha' chin:
Labor (n)	လက်တွေ့ခန်း	le' twei. gan:

Methode (f)	နည်းလမ်း	ne: lan:
Molekül (n)	မော်လီကျူး	mo li gju:
Monitoring (n)	စောင့်ကြည့်စစ်ဆေးခြင်း	saun. gji. zi' hsei: gjin:
Entdeckung (f)	ရှာဖွေတွေ့ရှိမှု	sha hpwei dwei. shi. hmu.

Postulat (n)	လက်ခံထားသည့်အဆို	le' khan da: dhe. ahsou
Prinzip (n)	အေြခခံသေဘာတရား	achei khan dha. bo da. ja:
Prognose (f)	ကြိုတင်ခန့်မှန်းရျက်	kjou din khan hman: gje'
prognostizieren (vt)	ကြိုတင်ခန့်မှန်းသည်	kjou din khan hman: de

Synthese (f)	သမ္မာရ	than ba ra.
Tendenz (f)	ဦးတည်ရာ	u: ti ja
Theorem (n)	သီအိုရမ်	thi ou jan

Lehre (Doktrin)	သင်ကြားရျက်	thin kja: gje'
Tatsache (f)	အရျက်အလက်	ache' ale'
Expedition (f)	စူးစမ်းလေ့လာရေးခရီး	su: zan: lei. la nei: khaji:
Experiment (n)	စမ်းသပ်လုပ်ဆောင်ရျက်	san: dha' lou' hsaun gje'
Akademiemitglied (n)	အကယ်ဒမီသိပ္ပံပညာရှင်	ake da ni dhan pa' pjin shin
Bachelor (m)	တက္ကသိုလ် ပထမဘွဲ့	te' kathou pahtama. bwe.

Doktor (m)	ပါရဂူဘွဲ့	pa ja gu bwe.
Dozent (m)	လက်ထောက်ပါမောက္ခ	le' htau' pa mau' kha.
Magister (m)	မဟာဘွဲ့	maha bwe.
Professor (m)	ပါမောက္ခ	pamau' kha

Berufe und Tätigkeiten

85. Arbeitsuche. Kündigung

Arbeit (f), Stelle (f)	အလုပ်	alou'
Belegschaft (f)	ဝန်ထမ်းအင်အား	wun dan: in a:
Personal (n)	အမှုထမ်း	ahmu. htan:

Karriere (f)	သက်မွေးမှုလုပ်ငန်း	the' hmei: hmu. lou' ngan:
Perspektive (f)	တက်လမ်း	te' lan:
Können (n)	ကျွမ်းကျင်မှု	kjwan: gjin hmu.

Auswahl (f)	လက်ရွေးစင်	le' jwei: zin
Personalagentur (f)	အလုပ်အကိုင်ရှာဖွေရေး-အကျိုးဆောင်လုပ်ငန်း	alou' akain sha hpei jei: akjou: zaun lou' ngan:
Lebenslauf (m)	ပညာရည်မှတ်တမ်းအကျဉ်း	pjin nja je hma' tan: akjin:
Vorstellungsgespräch (n)	အလုပ်အင်တာဗျူး	alou' in da bju:
Vakanz (f)	အလုပ်လစ်လပ်နေရာ	alou' li' la' nei ja

Gehalt (n)	လစာ	la. za
festes Gehalt (n)	ပုံသေလစာ	poun dhei la. za
Arbeitslohn (m)	ပေးရေသည့်ငွေ	pei: gjei de. ngwei

Stellung (f)	ရာထူး	ja du:
Pflicht (f)	တာဝန်	ta wun
Aufgabenspektrum (n)	တာဝန်များ	ta wun mja:
beschäftigt	အလုပ်များသော	alou' mja: de.

kündigen (vt)	အလုပ်ထုတ်သည်	alou' htou' de
Kündigung (f)	ထုတ်ပယ်ခြင်း	htou' pe gjin:

Arbeitslosigkeit (f)	အလုပ်လက်မဲ့ဦးရေ	alou' le' me. u: jei
Arbeitslose (m)	အလုပ်လက်မဲ့	alou' le' me.
Rente (f), Ruhestand (m)	အငြိမ်းစားလစာ	anjein: za: la. za
in Rente gehen	အငြိမ်းစားယူသည်	anjein: za: ju dhe

86. Geschäftsleute

Direktor (m)	ညွှန်ကြားရေးမှူး	hnjun gja: jei: hmu:
Leiter (m)	မန်နေဂျာ	man nei gji
Boss (m)	အကြီးအကဲ	akji: ake:

Vorgesetzte (m)	အထက်လူကြီး	a hte' lu gji:
Vorgesetzten (pl)	အထက်လူကြီးများ	a hte' lu gji: mja:
Präsident (m)	ဥက္ကဋ္ဌ	ou' kahta.
Vorsitzende (m)	ဥက္ကဋ္ဌ	ou' kahta.
Stellvertreter (m)	ဒုဥယ္ဘ	du. di. ja.
Helfer (m)	လက်ထောက်	le' htau'

| Sekretär (m) | အတွင်းရေးမှူး | atwin: jei: hmu: |
| Privatsekretär (m) | ကိုယ်ရေးအရာရှိ | kou jei: aja shi. |

Geschäftsmann (m)	စီးပွားရေးလုပ်ငန်းရှင်	si: bwa: jei: lou' ngan: shin
Unternehmer (m)	စီးပွားရေးလုပ်ငန်းရှင်	si: bwa: jei: lou' ngan: shin
Gründer (m)	တည်ထောင်သူ	ti daun dhu
gründen (vt)	တည်ထောင်သည်	ti daun de

Gründungsmitglied (n)	ဖွဲ့စည်းသူ	hpwe. zi: dhu
Partner (m)	အကျိုးတူလုပ်ဖော်ကိုင်ဘက်	akjou: du lou' hpo kain be'
Aktionär (m)	အစုရှင်	asu. shin

Millionär (m)	သန်းကြွယ်သူဌေး	than: gjwe dhu dei:
Milliardär (m)	ဘီလျံနာသူဌေး	bi ljan na dhu dei:
Besitzer (m)	ပိုင်ရှင်	pain shin
Landbesitzer (m)	မြေပိုင်ရှင်	mjei bain shin

Kunde (m)	ဖောက်သည်	hpau' te
Stammkunde (m)	အမြဲတမ်းဖောက်သည်	amje: dan: zau' te
Käufer (m)	ဝယ်သူ	we dhu
Besucher (m)	ည့်သည်	e. dhe

Fachmann (m)	ကျွမ်းကျင်သူ	kjwan: gjin dhu
Experte (m)	ကျွမ်းကျင်ပညာရှင်	kjwan: gjin bi nja shin
Spezialist (m)	အထူးကျွမ်းကျင်သူ	a htu: kjwan: gjin dhu

| Bankier (m) | ဘဏ်လုပ်ငန်းရှင် | ban lou' ngan: shin |
| Makler (m) | စီးပွားရေးအကျိုးဆောင် | si: bwa: jei: akjou: zaun |

Kassierer (m)	ငွေကိုင်	ngwei gain
Buchhalter (m)	စာရင်းကိုင်	sajin: gain
Wächter (m)	အစောင့်	asaun.

Investor (m)	ရင်းနှီးမြှုပ်နှံသူ	jin: hni: hmjou' hnan dhu
Schuldner (m)	မြီစား	mji za:
Gläubiger (m)	ကြွေးရှင်	kjwei: shin
Kreditnehmer (m)	ချေးသူ	chei: dhu

| Importeur (m) | သွင်းကုန်လုပ်ငန်းရှင် | thwin: goun lou' ngan: shin |
| Exporteur (m) | ပို့ကုန်လုပ်ငန်းရှင် | pou. goun lou' ngan: shin |

Hersteller (m)	ထုတ်လုပ်သူ	tou' lou' thu
Distributor (m)	ဖြန့်ဝေသူ	hpjan. wei dhu
Vermittler (m)	တစ်ဆင့်ခံရောင်းသူ	ti' hsin. gan jaun: dhu

Berater (m)	အတိုင်ပင်ခံပုဂ္ဂိုလ်	atain bin gan bou' gou
Vertreter (m)	ကိုယ်စားလှယ်	kou za: hle
Agent (m)	ကိုယ်စားလှယ်	kou za: hle
Versicherungsagent (m)	အာမခံကိုယ်စားလှယ်	a ma. khan gou za: hle

87. Dienstleistungsberufe

| Koch (m) | စားဖိုမှူး | sa: hpou hmu: |
| Chefkoch (m) | စားဖိုမှူးကြီး | sa: hpou hmu: gji: |

Bäcker (m)	ပေါင်မုန့်ဖုတ်သူ	paun moun. bou' dhu
Barmixer (m)	အရက်ဘားဝန်ထမ်း	aje' ba: wun dan:
Kellner (m)	စားပွဲထိုး	sa: bwe: dou:
Kellnerin (f)	စားပွဲထိုးမိန်းကလေး	sa: bwe: dou: mein: ga. lei:
Rechtsanwalt (m)	ရှေ့နေ	shei. nei
Jurist (m)	ရှေ့နေ	shei. nei
Notar (m)	ရှေ့နေ	shei. nei
Elektriker (m)	လျှပ်စစ်ပညာရှင်	hlja' si' pa. nja shin
Klempner (m)	ပိုက်ပြင်သူ	pai' bjin dhu
Zimmermann (m)	လက်သမား	le' tha ma:
Masseur (m)	အနှိပ်သမား	anei' thama:
Masseurin (f)	အနှိပ်သမ	anei' thama.
Arzt (m)	ဆရာဝန်	hsa ja wun
Taxifahrer (m)	တက္ကစီမောင်းသူ	te' kasi maun: dhu
Fahrer (m)	ယာဉ်မောင်း	jin maun:
Ausfahrer (m)	ပစ္စည်းပို့သူ	pji' si: bou. dhu
Zimmermädchen (n)	ဟိုတယ်သန့်ရှင်းရေးဝန်ထမ်း	hou te than. shin wun dam:
Wächter (m)	အစောင့်	asaun.
Flugbegleiterin (f)	လေယာဉ်မယ်	lei jan me
Lehrer (m)	ဆရာ	hsa ja
Bibliothekar (m)	စာကြည့်တိုက်ဝန်ထမ်း	sa gji. dai' wun dan:
Übersetzer (m)	ဘာသာပြန်	ba dha bjan
Dolmetscher (m)	စကားပြန်	zaga: bjan
Fremdenführer (m)	လမ်းညွှန်	lan: hnjun
Friseur (m)	ဆံသဆရာ	hsan dha. zaja
Briefträger (m)	စာပို့သမား	sa bou. dhama:
Verkäufer (m)	ဆိုင်အရောင်းဝန်ထမ်း	hsain ajaun: wun dan:
Gärtner (m)	ဥယျာဉ်မှူး	u. jin hmu:
Diener (m)	အိမ်စေအမှုထမ်း	ein zei ahmu. dan:
Magd (f)	အိမ်စေအမျိုးသမီး	ein zei amjou: dhami:
Putzfrau (f)	သန့်ရှင်းရေးသမ	than. shin: jei: dhama.

88. Militärdienst und Ränge

einfacher Soldat (m)	တပ်သား	ta' tha:
Feldwebel (m)	တပ်ကြပ်ကြီး	ta' kja' kji:
Leutnant (m)	ဗိုလ်	bou
Hauptmann (m)	ဗိုလ်ကြီး	bou gji
Major (m)	ဗိုလ်မှူး	bou hmu:
Oberst (m)	ဗိုလ်မှူးကြီး	bou hmu: gji:
General (m)	ဗိုလ်ချုပ်	bou gjou'
Marschall (m)	ထိပ်တန်းအရာရှိ	htei' tan: aja shi.
Admiral (m)	ရေတပ်ဗိုလ်ချုပ်ကြီး	jei da' bou chou' kji:
Militärperson (f)	တပ်မတော်နှင့်ဆိုင်သော	ta' mado hnin. zain de.
Soldat (m)	စစ်သား	si' tha:

| Offizier (m) | အရာရှိ | aja shi. |
| Kommandeur (m) | ခေါင်းဆောင် | gaun: zaun |

Grenzsoldat (m)	နယ်ခြားစောင့်	ne gja: zaun.
Funker (m)	ဆက်သွယ်ရေးတပ်သား	hse' thwe jei: da' tha:
Aufklärer (m)	ကင်းထောက်	kin: dau'
Pionier (m)	နိုင်ရှင်းသူ	main: shin: dhu
Schütze (m)	လက်ဖြောင့်တပ်သား	le' hpaun. da' tha:
Steuermann (m)	လေရက္ကျာင်းပြ	lei gjaun: bja.

89. Beamte. Priester

| König (m) | ဘုရင် | ba. jin |
| Königin (f) | ဘုရင်မ | ba jin ma. |

| Prinz (m) | အိမ်ရှေ့မင်းသား | ein shei. min: dha: |
| Prinzessin (f) | မင်းသမီး | min: dhami: |

| Zar (m) | အာဘုရင် | za bou jin |
| Zarin (f) | အာဘုရင်မ | za bou jin ma |

Präsident (m)	သမ္မတ	thamada.
Minister (m)	ဝန်ကြီး	wun: gji:
Ministerpräsident (m)	ဝန်ကြီးချုပ်	wun: gji: gjou'
Senator (m)	အီနိုင်ငံလွှတ်တော်အမတ်	hsi nei' hlwa' do: ama'

Diplomat (m)	သံတမန်	than taman.
Konsul (m)	ကောင်စစ်ဝန်	kaun si' wun
Botschafter (m)	သံအမတ်	than ama'
Ratgeber (m)	ကောင်စီဝင်	kaun si wun

Beamte (m)	အမှုဆောင်အရာရှိ	ahmu. zaun aja shi.
Präfekt (m)	သီးသန့်နယ်မြေ အုပ်ချုပ်ရေးမှူး	thi: dhan. ne mjei ou' chou' ei: hmu:
Bürgermeister (m)	မြို့တော်ဝန်	mjou. do wun

| Richter (m) | တရားသူကြီး | taja: dhu gji: |
| Staatsanwalt (m) | အစိုးရရှေ့နေ | asou: ja shei. nei |

Missionar (m)	သာသနာပြုသူ	tha dha. na bju. dhu
Mönch (m)	ဘုန်းကြီး	hpoun: gji:
Abt (m)	ကျောင်းထိုင်ဆရာတော်	kjaun: dain zaja do
Rabbiner (m)	ဂျူးဘာသာရေးခေါင်းဆောင်	gju: ba dha jei: gaun: zaun:

Wesir (m)	မွတ်ဆလင်အမတ်	mu' hsa. lin ama'
Schah (n)	ရှားဘုရင်	sha: bu. shin
Scheich (m)	အာရပ်စော်ဘွား	a ra' so bwa:

90. Landwirtschaftliche Berufe

| Bienenzüchter (m) | ပျားမွေးသူ | pja: mwei: dhu |
| Hirt (m) | သိုးနွားအုပ်ကျောင်းသူ | thou:/ nwa: ou' kjaun: dhu |

Agronom (m)	သီးနှံစိုက်ပျိုး ရေးပညာရှင်	thi: hnan zai' pjou: jei: pin nja shin
Viehzüchter (m)	တိရ္ဆာန်မျိုးဖောက်သူ	tharei' hsan mjou: hpau' thu
Tierarzt (m)	တိရ္ဆာန်ဆေးဝန်	tharei' hsan zaja wun
Farmer (m)	လယ်သမား	le dhama:
Winzer (m)	ဝိုင်ဖောက်သူ	wain bau' thu
Zoologe (m)	သတ္တဗေဒပညာရှင်	tha' ta. bei da. pin nja shin
Cowboy (m)	နွားကျောင်းသား	nwa: gjaun: dha:

91. Künstler

Schauspieler (m)	သရုပ်ဆောင်မင်းသား	thajou' hsaun min: dha:
Schauspielerin (f)	သရုပ်ဆောင်မင်းသမီး	thajou' hsaun min: dha:
Sänger (m)	အဆိုတော်	ahsou do
Sängerin (f)	အဆိုတော်	ahsou do
Tänzer (m)	အကဆရာ	aka. hsa. ja
Tänzerin (f)	အကဆရာမ	aka. hsa. ja ma
Künstler (m)	သရုပ်ဆောင်သူ	thajou' hsaun dhu
Künstlerin (f)	သရုပ်ဆောင်သူ	thajou' hsaun dhu
Musiker (m)	ဂီတပညာရှင်	gi ta. bjin nja shin
Pianist (m)	စန္ဒရားဆရာ	san daja: zaja
Gitarrist (m)	ဂစ်တာပညာရှင်	gi' ta bjin nja shin
Dirigent (m)	ဂီတမှူး	gi ta. hmu
Komponist (m)	တေးရေးဆရာ	tei: jei: hsaja
Manager (m)	ဇာတ်ဆရာ	za' hsaja
Regisseur (m)	ရုပ်ရှင်ဒါရိုက်တာ	jou' shin da jai' ta
Produzent (m)	ထုတ်လုပ်သူ	htou' lou' thu
Drehbuchautor (m)	ဇာတ်ညွှန်းဆရာ	za' hnjun: za ja
Kritiker (m)	ဝေဖန်သူ	wei ban dhu
Schriftsteller (m)	စာရေးဆရာ	sajei: zaja
Dichter (m)	ကဗျာဆရာ	ka. bja zaja
Bildhauer (m)	ပန်းပုဆရာ	babu hsaja
Maler (m)	ပန်းချီဆရာ	bagji zaja
Jongleur (m)	လက်လှည့်ဆရာ	le' hli. za. ja.
Clown (m)	လူရွှင်တော်	lu shwin do
Akrobat (m)	ကျွမ်းဘားပြသူ	kjwan: ba: bja dhu
Zauberkünstler (m)	မျက်လှည့်ဆရာ	mje' hle. zaja

92. Verschiedene Berufe

Arzt (m)	ဆရာဝန်	hsa ja wun
Krankenschwester (f)	သူနာပြု	thu na bju.
Psychiater (m)	စိတ်ရောဂါအထူးကုဆရာဝန်	sei' jo: ga ahtu: gu. zaja wun

Zahnarzt (m)	သွားဆရာဝန်	thwa: hsaja wun
Chirurg (m)	ခွဲစိတ်ကုဆရာဝန်	khwe: hsei' ku hsaja wun
Astronaut (m)	အာကာသယာဉ်မှူး	akatha. jin hmu:
Astronom (m)	နက္ခတ္တဗေဒပညာရှင်	ne' kha' ta. bei da. pji nja shin
Pilot (m)	လေယာဉ်မှူး	lei jan hmu:
Fahrer (Taxi-)	ယာဉ်မောင်း	jin maun:
Lokomotivführer (m)	ရထားမောင်းသူ	jatha: maun: dhu
Mechaniker (m)	စက်ပြင်ဆရာ	se' pjin zaja
Bergarbeiter (m)	သတ္တုတွင်း အလုပ်သမား	tha' tu. dwin: alou' thama:
Arbeiter (m)	အလုပ်သမား	alou' dha ma:
Schlosser (m)	သော့ပြင်ဆရာ	tho. bjin zaja
Tischler (m)	ကျွန်းပေါင်းရွေလက်သမား	kji: baun: gwei le' dha ma:
Dreher (m)	တွင်နိုအလုပ်သမား	twin goun alou' dhama:
Bauarbeiter (m)	ဆောက်လုပ်ရေးအလုပ်သမား	hsau' lou' jei: alou' dha. ma:
Schweißer (m)	ဂဟောဆော်သူ	gahei hso dhu
Professor (m)	ပါမောက္ခ	pamau' kha
Architekt (m)	ဗိသုကာပညာရှင်	bi. thu. ka pjin nja shin
Historiker (m)	သမိုင်းပညာရှင်	thamain: pin nja shin
Wissenschaftler (m)	သိပ္ပံပညာရှင်	thei' pan pin nja shin
Physiker (m)	ရူပဗေဒပညာရှင်	ju bei da. bin nja shin
Chemiker (m)	ဓာတုဗေဒပညာရှင်	da tu. bei da. bjin nja shin
Archäologe (m)	ရှေးဟောင်းသုတေသန ပညာရှင်	shei: haun thu. dei dha. na. bji nja shin
Geologe (m)	ဘူမိဗေဒပညာရှင်	buu mi. bei da. bjin nja shin
Forscher (m)	သုတေသနပညာရှင်	thu. tei thana pin nja shin
Kinderfrau (f)	ကလေးထိန်း	kalei: din:
Lehrer (m)	ဆရာ	hsa ja
Redakteur (m)	အယ်ဒီတာ	e di ta
Chefredakteur (m)	အယ်ဒီတာချုပ်	e di ta chu'
Korrespondent (m)	သတင်းထောက်	dhadin: dau'
Schreibkraft (f)	လက်နှိပ်စက်ရိုက်သူ	le' ni' se' jou' thu
Designer (m)	ဒီဇိုင်နာ	di zain na
Computerspezialist (m)	ကွန်ပျူတာပညာရှင်	kun pju ta ba. nja shin
Programmierer (m)	ပရိုဂရမ်မာ	pa. jou ga. jan ma
Ingenieur (m)	အင်ဂျင်နီယာ	in gjin ni ja
Seemann (m)	သဘော်သား	thin: bo: dha:
Matrose (m)	သဘော်သား	thin: bo: dha:
Retter (m)	ကယ်ဆယ်သူ	ke ze dhu
Feuerwehrmann (m)	မီးသတ်သမား	mi: tha' dhama:
Polizist (m)	ရဲ	je:
Nachtwächter (m)	အစောင့်	asaun.
Detektiv (m)	စုံထောက်	soun dau'
Zollbeamter (m)	အကောက်ခွန်အရာရှိ	akau' khun aja shi.
Leibwächter (m)	သက်တော်စောင့်	the' to zaun.
Gefängniswärter (m)	ထောင်စောင့်	htaun zaun.

Inspektor (m)	ရဲအုပ်	je: ou'
Sportler (m)	အားကစားသမား	a: gaza: dhama:
Trainer (m)	နည်းပြ	ne: bja.
Fleischer (m)	သားသတ်သမား	tha: dha' thama:
Schuster (m)	ဖိနပ်ချုပ်သမား	hpana' chou' tha ma:
Geschäftsmann (m)	ကုန်သည်	koun de
Ladearbeiter (m)	ကုန်ထမ်းသမား	koun din dhama:

| Modedesigner (m) | ဖက်ရှင်ဒီဇိုင်နာ | hpe' shin di zain na |
| Modell (n) | မော်ဒယ် | mo de |

93. Beschäftigung. Sozialstatus

| Schüler (m) | ကျောင်းသား | kjaun: dha: |
| Student (m) | ကျောင်းသား | kjaun: dha: |

Philosoph (m)	ဒဿနပညာရှင်	da' thana. pjin nja shin
Ökonom (m)	သောဂဗေဒပညာရှင်	bo ga bei da ba nja shin
Erfinder (m)	တီထွင်သူ	ti htwin dhu

Arbeitslose (m)	အလုပ်လက်မဲ့	alou' le' me.
Rentner (m)	အငြိမ်းစား	anjein: za:
Spion (m)	သူလျှို	thu shou

Gefangene (m)	ထောင်သား	htaun dha:
Streikender (m)	သပိတ်မှောက်သူ	thabei' hmau' thu
Bürokrat (m)	ဗျူရိုကရက်အရာရှိ	bju jou ka. je' aja shi.
Reisende (m)	ခရီးသွား	khaji: thwa:

Homosexuelle (m)	လိင်တူချင်းဆက်ဆံသူ	lein du cjin: ze' hsan dhu
Hacker (m)	ဟက်ကာ	he' ka
Hippie (m)	လူမှုလေ့လများကို သွေဖယ်သူ	lu hmu. da. lei. mja: gou

Bandit (m)	ဓားပြ	damja.
Killer (m)	လူသတ်သမား	lu dha' thama:
Drogenabhängiger (m)	ဆေးစွဲသူ	hsei: zwe: dhu
Drogenhändler (m)	မူးယစ်ဆေးရောင်းဝယ်သူ	mu: ji' hsei: jaun we dhu
Prostituierte (f)	ပြည့်တန်ဆာ	pjei. dan za
Zuhälter (m)	ဖာခေါင်း	hpa gaun:

Zauberer (m)	မှော်ဆရာ	hmo za. ja
Zauberin (f)	မှော်ဆရာမ	hmo za. ja ma.
Seeräuber (m)	ပင်လယ်ဓားပြ	pin le da: bja.
Sklave (m)	ကျွန်	kjun
Samurai (m)	ထားပွရှင်း	hsa mu jain:
Wilde (m)	လူရိုင်း	lu jain:

Ausbildung

| Schule (f) | စာသင်ကျောင်း | sa dhin gjaun: |
| Schulleiter (m) | ကျောင်းအုပ်ကြီး | ko: ou' kji: |

Schüler (m)	ကျောင်းသား	kjaun: dha:
Schülerin (f)	ကျောင်းသူ	kjaun: dhu
Schuljunge (m)	ကျောင်းသား	kjaun: dha:
Schulmädchen (f)	ကျောင်းသူ	kjaun: dhu

lehren (vt)	သင်ကြားသည်	thin kja: de
lernen (Englisch ~)	သင်ယူသည်	thin ju de
auswendig lernen	အလွတ်ကျက်သည်	alu' kje' de

lernen (vi)	သင်ယူသည်	thin ju de
in der Schule sein	ကျောင်းတက်သည်	kjaun: de' de
die Schule besuchen	ကျောင်းသွားသည်	kjaun: dhwa: de

| Alphabet (n) | အက္ခရာ | e' kha ja |
| Fach (n) | ဘာသာရပ် | ba da ja' |

Klassenraum (m)	စာသင်ခန်း	sa dhin gan:
Stunde (f)	သင်ခန်းစာ	thin gan: za
Pause (f)	အနားရှိန်	ana: gjain
Schulglocke (f)	ခေါင်းလောင်းသံ	gaun: laun: dhan
Schulbank (f)	စာရေးခုံ	sajei: khoun
Tafel (f)	ကျောက်သင်ပုန်း	kjau' thin boun:

Note (f)	အမှတ်	ahma'
gute Note (f)	အမှတ်အဆင့်မြင့်	ahma' ahsin. mjin.
schlechte Note (f)	အမှတ်အဆင့်နိမ့်	ahma' ahsin. nin.
eine Note geben	အမှတ်ပေးသည်	ahma' pei: de

Fehler (m)	အမှား	ahma:
Fehler machen	အမှားလုပ်သည်	ahma: lou' te
korrigieren (vt)	အမှားပြင်သည်	ahma: pjin de
Spickzettel (m)	ခိုးကားရန်စာ	khou: gu: jan za
	ရှက်အပိုင်အစ	jwe' apain: asa.

| Hausaufgabe (f) | အိမ်စာ | ein za |
| Übung (f) | လေ့ကျင့်ခန်း | lei. kjin. gan: |

anwesend sein	ရှိသည်	shi. de
fehlen (in der Schule ~)	ပျက်ကွက်သည်	pje' kwe' te
versäumen (Schule ~)	အတန်းပျက်ကွက်သည်	atan: bje' kwe' te

| bestrafen (vt) | အပြစ်ပေးသည် | apja' pei: de |
| Strafe (f) | အပြစ်ပေးခြင်း | apja' pei: gjin: |

Benehmen (n)	အပြုအမူ	apju amu
Zeugnis (n)	စာမေးပွဲမှတ်တမ်း	sa mei: hma' tan:
Bleistift (m)	ခဲတံ	khe: dan
Radiergummi (m)	ခဲဖျက်	khe: bje'
Kreide (f)	မြေဖြူ	mjei bju
Federkasten (m)	ခဲတံပူး	khe: dan bu:

Schulranzen (m)	ကျောင်းသုံးလွယ်အိတ်	kjaun: dhoun: lwe ji'
Kugelschreiber, Stift (m)	ဘောပင်	bo pin
Heft (n)	လေ့ကျင့်ခန်းစာအုပ်	lei. kjin. gan: za ou'
Lehrbuch (n)	ဖတ်စာအုပ်	hpa' sa au'
Zirkel (m)	ထောက်ဆွဲ	htau' hsu:

| zeichnen (vt) | ပုံကြမ်းဆွဲသည် | poun: gjam: zwe: de |
| Zeichnung (f) | နည်းပညာဆိုင်ရာပုံကြမ်း | ne bi nja zain ja boun gjan: |

Gedicht (n)	ကဗျာ	ka. bja
auswendig (Adv)	အလွတ်	alu'
auswendig lernen	အလွတ်ကျက်သည်	alu' kje' de

Ferien (pl)	ကျောင်းပိတ်ရက်	kjaun: bi' je'
in den Ferien sein	အားလပ်ရက်ရသည်	a: la' je' ja. de
Ferien verbringen	အားလပ်ရက်ဖြတ်သန်းသည်	a: la' je' hpja' than: de

Test (m), Prüfung (f)	အခန်းဆုံးစစ်ဆေးမှု	akhan: zain zi' hsei: hmu
Aufsatz (m)	စာစီစာကုံး	sa zi za koun:
Diktat (n)	သတ်ပုံခေါ်ပေးခြင်း	tha' poun go bei: gjin:
Prüfung (f)	စာမေးပွဲ	sa mei: bwe:
Prüfungen ablegen	စာမေးပွဲဖြေသည်	sa mei: bwe: bjei de
Experiment (n)	လက်တွေ့လုပ်ဆောင်မှု	le' twei. lou' zaun hma.

95. Hochschule. Universität

Akademie (f)	အထူးပညာသင်ကျောင်း	a htu: bjin nja dhin kjaun:
Universität (f)	တက္ကသိုလ်	te' kathou
Fakultät (f)	ဌာန	hta. na.

Student (m)	ကျောင်းသား	kjaun: dha:
Studentin (f)	ကျောင်းသူ	kjaun: dhu
Lehrer (m)	သင်ကြားပို့ချသူ	thin kja: bou. gja. dhu

| Hörsaal (m) | စာသင်ခန်း | sa dhin gan: |
| Hochschulabsolvent (m) | ဘွဲ့ရသူ | bwe. ja. dhu |

| Diplom (n) | ဒီပလိုမာ | di' lou ma |
| Dissertation (f) | သုတေသနစာတမ်း | thu. tei thana za dan: |

| Forschung (f) | သုတေသနစာတမ်း | thu. tei thana za dan |
| Labor (n) | လက်တွေ့ခန်း | le' twei. gan: |

Vorlesung (f)	သင်ကြားပို့ချမှု	thin kja: bou. gja. hmu.
Kommilitone (m)	အတန်းဖော်	atan: hpo
Stipendium (n)	ပညာသင်ဆု	pjin nja dhin zu.
akademischer Grad (m)	တက္ကသိုလ်ဘွဲ့	te' kathou bwe.

96. Naturwissenschaften. Fächer

Mathematik (f)	သင်္ချာ	thin cha
Algebra (f)	အက္ခရာသင်္ချာ	e' kha ja din gja
Geometrie (f)	ဂျီသြမေတြီ	gji o: mei tri

Astronomie (f)	နက္ခတ္တဗေဒ	ne' kha' ta. bei da.
Biologie (f)	ဇီဝဗေဒ	zi: wa bei da.
Erdkunde (f)	ပထဝီဝင်	pahtawi win
Geologie (f)	ဘူမိဗေဒ	buu mi. bei da.
Geschichte (f)	သမိုင်း	thamain:

Medizin (f)	ဆေးပညာ	hsei: pjin nja
Pädagogik (f)	သင်ကြားနည်းပညာ	thin kja: nei: pin nja
Recht (n)	ဥပဒေဘာသာရပ်	u. ba. bei ba dha ja'

Physik (f)	ရူပဗေဒ	ju bei da.
Chemie (f)	ဓာတုဗေဒ	da tu. bei da.
Philosophie (f)	အသြာနိကဗေဒ	da' tha ni. ga. bei da.
Psychologie (f)	စိတ်ပညာ	sei' pjin nja

97. Schrift Rechtschreibung

Grammatik (f)	သဒ္ဒါ	dhada
Lexik (f)	ဝေါဟာရ	wo: ha ra.
Phonetik (f)	သဒ္ဒဗေဒ	dhada. bei da.

Substantiv (n)	နာမ်	nan
Adjektiv (n)	နာမဝိသေသန	nan wi. dhei dha. na.
Verb (n)	ကြိယာ	kji ja
Adverb (n)	ကြိယာဝိသေသန	kja ja wi. dhei dha. na.

Pronomen (n)	နာမ်စား	nan za:
Interjektion (f)	အာမေဍိတ်	a mei dei'
Präposition (f)	ဝိဘတ်	wi ba'

Wurzel (f)	ဝေါဟာရရင်းမြစ်	wo: ha ra. jin: mji'
Endung (f)	အဆုံးသတ်	ahsoun: tha'
Vorsilbe (f)	ရှေ့ဆက်ပုဒ်	shei. hse' pou'
Silbe (f)	ဝဏ္ဏ	wun na.
Suffix (n), Nachsilbe (f)	နောက်ဆက်ပုဒ်	nau' ze' pou'

| Betonung (f) | ဇိသံသင်္ကေတ | hpi. dhan dha. gei da. |
| Apostroph (m) | ပိုင်ဆိုင်ခြင်းပြသင်္ကေတ | pain zain bjin: bja tin kei ta. |

Punkt (m)	ဖူးလ်စတော့ပ်	hpu: l za. po. p
Komma (n)	ပုဒ်ထီး သင်္ကေတ	pou' hti: tin kei ta.
Semikolon (n)	အဖြတ်အရပ်သင်္ကေတ	a hpja' aja' tha ngei da
Doppelpunkt (m)	ကိုလန်	kou lan
Auslassungspunkte (pl)	စာချန်ပြအမှတ်အသား	sa gjan bja ahma' atha:

| Fragezeichen (n) | မေးခွန်းပြအမှတ်အသား | mei: gun: bja. ahma' adha: |
| Ausrufezeichen (n) | အာမေဍိတ်အမှတ်အသား | a mei dei' ahma' atha: |

Anführungszeichen (pl)	မျက်တောင်အဖွင့်အပိတ်	mje' taun ahpwin. apei'
in Anführungszeichen	မျက်တောင်အဖွင့်အပိတ်-အတွင်း	mje' taun ahpwin. apei' atwin:
runde Klammern (pl)	ကွင်း	kwin:
in Klammern	ကွင်းအတွင်း	kwin: atwin:

Bindestrich (m)	တုံးတို	toun: dou
Gedankenstrich (m)	တုံးရှည်	toun: she
Leerzeichen (n)	ကွက်လပ်	kwe' la'

| Buchstabe (m) | စာလုံး | sa loun: |
| Großbuchstabe (m) | စာလုံးကြီး | sa loun: gji: |

| Vokal (m) | သရ | thara. |
| Konsonant (m) | ဗျည်း | bjin: |

Satz (m)	ဝါကျ	we' kja.
Subjekt (n)	ကံ	kan
Prädikat (n)	ဝါစက	wa saka.

Zeile (f)	မျဉ်းကြောင်း	mjin: gjaun:
in einer neuen Zeile	မျဉ်းကြောင်းအသစ်ပေါ်မှာ	mjin: gjaun: athi' bo hma.
Absatz (m)	စာပိုဒ်	sa pai'

Wort (n)	စကားလုံး	zaga: loun:
Wortverbindung (f)	စကားစု	zaga: zu.
Redensart (f)	ဖော်ပြချက်	hpjo bja. gje'
Synonym (n)	အနက်တူ	ane' tu
Antonym (n)	ဆန့်ကျင်ဘက်အနက်	hsan. gjin ba' ana'

Regel (f)	စည်းမျဉ်းစည်းကမ်း	si: mjin: si: kan:
Ausnahme (f)	ခြွင်းချက်	chwin: gje'
richtig (Adj)	မှန်ကန်သော	hman gan de.

Konjugation (f)	ကြိယာပုံစံပြောင်းခြင်း	kji ja boun zan pjaun: chin:
Deklination (f)	သဒ္ဒါပြောင်းလဲပုံ	dhada bjaun: le: boun
Kasus (m)	နာမ်ပြောင်းပုံစံ	nan bjaun: boun zan
Frage (f)	မေးခွန်း	mei: gun:
unterstreichen (vt)	အလေးထားဖော်ပြသည်	a lei: da: hpo pja. de
punktierte Linie (f)	အစက်မျဉ်း	ase' mjin:

98. Fremdsprachen

Sprache (f)	ဘာသာစကား	ba dha zaga:
Fremd-	နိုင်ငံခြားနှင့်ဆိုင်သော	nain ngan gja: hnin. zain de.
Fremdsprache (f)	နိုင်ငံခြားဘာသာစကား	nain ngan gja: ba dha za ga:
studieren (z.B. Jura ~)	သင်ယူလေ့လာသည်	thin ju lei. la de
lernen (Englisch ~)	သင်ယူသည်	thin ju de

lesen (vi, vt)	ဖတ်သည်	hpa' te
sprechen (vi, vt)	ပြောသည်	pjo: de
verstehen (vt)	နားလည်သည်	na: le de
schreiben (vi, vt)	ရေးသည်	jei: de
schnell (Adv)	မြန်မြန်	mjan mjan
langsam (Adv)	ဖြည်းဖြည်း	hpjei: bjei:

fließend (Adv)	ကျွမ်းကျမ်းကျင်ကျင်	kjwan: gjwan: gjin gjin
Regeln (pl)	စည်းမျဉ်းစည်းကမ်း	si: mjin: si: kan:
Grammatik (f)	သဒ္ဒါ	dhada
Vokabular (n)	ဝေါဟာရ	wo: ha ra.
Phonetik (f)	သဒ္ဒဗေဒ	dhada. bei da.

Lehrbuch (n)	ဖတ်စာအုပ်	hpa' sa au'
Wörterbuch (n)	အဘိဓာန်	abi. dan
Selbstlernbuch (n)	မိမိဘာသာလေ့ လာနိုင်သောစာအုပ်	mi. mi. ba dha lei. la nain dho: za ou'
Sprachführer (m)	နှစ်ဘာသာစကားပြောစာအုပ်	hni' ba dha zaga: bjo: za ou'

Kassette (f)	တိပ်ခွေ	tei' khwei
Videokassette (f)	ရုပ်ရှင်တိပ်ခွေ	jou' shin dei' hpwei
CD (f)	စီဒီခွေ	si di gwei
DVD (f)	ဒီဗီဒီခွေ	di bi di gwei

Alphabet (n)	အက္ခရာ	e' kha ja
buchstabieren (vt)	စာလုံးပေါင်းသည်	sa loun: baun: de
Aussprache (f)	အသံထွက်	athan dwe'

Akzent (m)	ဝဲသံ	we: dhan
mit Akzent	ဝဲသံနှင့်	we: dhan hnin.
ohne Akzent	ဝဲသံမပါဘဲ	we: dhan ma. ba be:

Wort (n)	စကားလုံး	zaga: loun:
Bedeutung (f)	အဓိပ္ပါယ်	adei' be

Kurse (pl)	သင်တန်း	thin dan:
sich einschreiben	စာရင်းသွင်းသည်	sajin: dhwin: de
Lehrer (m)	ဆရာ	hsa ja

Übertragung (f)	ဘာသာပြန်ခြင်း	ba dha bjan gjin:
Übersetzung (f)	ဘာသာပြန်ထားချက်	ba dha bjan da: gje'
Übersetzer (m)	ဘာသာပြန်	ba dha bjan
Dolmetscher (m)	စကားပြန်	zaga: bjan

Polyglott (m, f)	ဘာသာစကားအများ ပြောနိုင်သူ	ba dha zaga: amja: bjo: nain dhu
Gedächtnis (n)	မှတ်ညဏ်	hma' njan

Erholung. Unterhaltung. Reisen

99. Ausflug. Reisen

Tourismus (m)	ခရီးသွားလုပ်ငန်း	khaji: thwa: lou' ngan:
Tourist (m)	ကမ္ဘာလှည့်ခရီးသည်	ga ba hli. kha. ji: de
Reise (f)	ခရီးထွက်ခြင်း	khaji: htwe' chin:
Abenteuer (n)	စွန့်စားမှု	sun. za: hmu.
Fahrt (f)	ခရီး	khaji:

Urlaub (m)	ခွင့်ရက်	khwin. je'
auf Urlaub sein	အခွင့်ယူသည်	akhwin. ju de
Erholung (f)	အနားယူခြင်း	ana: ju gjin:

Zug (m)	ရထား	jatha:
mit dem Zug	ရထားနဲ့	jatha: ne.
Flugzeug (n)	လေယာဉ်	lei jan
mit dem Flugzeug	လေယာဉ်နဲ့	lei jan ne.
mit dem Auto	ကားနဲ့	ka: ne.
mit dem Schiff	သင်္ဘောနဲ့	thin: bo: ne.

Gepäck (n)	ဝန်စည်စလည်	wun zi za. li
Koffer (m)	သားရေသေတ္တာ	tha: jei dhi' ta
Gepäckwagen (m)	ပစ္စည်းတင်ရန်တွန်းလှည်း	pji' si: din jan dun: hle:

Pass (m)	နိုင်ငံကူးလက်မှတ်	nain ngan gu: le' hma'
Visum (n)	ဗီဇာ	bi za
Fahrkarte (f)	လက်မှတ်	le' hma'
Flugticket (n)	လေယာဉ်လက်မှတ်	lei jan le' hma'

Reiseführer (m)	လမ်းညွှန်စာအုပ်	lan: hnjun za ou'
Landkarte (f)	မြေပုံ	mjei boun
Gegend (f)	ဒေသ	dei dha.
Ort (wunderbarer ~)	နေရာ	nei ja

Exotika (pl)	အထူးအဆန်းပစ္စည်း	a htu: a hsan: bji' si:
exotisch	အထူးအဆန်းဖြစ်သော	a htu: a hsan: hpja' te.
erstaunlich (Adj)	အံ့သြစရာကောင်းသော	an. o: sa ja kaun de.

Gruppe (f)	အုပ်စု	ou' zu.
Ausflug (m)	လေ့လာရေးခရီး	lei. la jei: gaji:
Reiseleiter (m)	လမ်းညွှန်	lan: hnjun

100. Hotel

Hotel (n)	ဟိုတယ်	hou te
Motel (n)	မိုတယ်	mou te
drei Sterne	ကြယ် ၃ ပွင့်အဆင့်	kje thoun: pwin. ahsin.

fünf Sterne	ကြယ် ၅ ပွင့်အဆင့်	kje nga: pwin. ahsin.
absteigen (vi)	တည်းခိုသည်	te: khou de
Hotelzimmer (n)	အခန်း	akhan:
Einzelzimmer (n)	တစ်ယောက်ခန်း	ti' jau' khan:
Zweibettzimmer (n)	နှစ်ယောက်ခန်း	hni' jau' khan:
reservieren (vt)	ကြိုတင်မှာယူသည်	kjou tin hma ju de
Halbpension (f)	ကြိုတင်တစ်ဝက်ငွေရေ့ရှင်း	kjou tin di' we' ngwe gjei gjin:
Vollpension (f)	ငွေအပြည့်ကြို.	ngwei apjei. kjou
	တည်းခိုးရေ့ရှင်း	din bei: chei chin:
mit Bad	ရေချိုးခန်းနှင့်	jei gjou gan: hnin.
mit Dusche	ရေပန်းနှင့်	jei ban: hnin.
Satellitenfernsehen (n)	ဂြိုဟ်တုရုပ်မြင်သံကြား	gjou' htu. jou' mjin dhan gja:
Klimaanlage (f)	လေအေးပေးစက်	lei ei: bei: ze'
Handtuch (n)	တဘက်	tabe'
Schlüssel (m)	သော့	tho.
Verwalter (m)	အုပ်ချုပ်ရေးမှူး	ou' chu' jei: hmu:
Zimmermädchen (n)	သန့်ရှင်းရေးဝန်ထမ်း	than. shin: jei: wun dan:
Träger (m)	အထမ်းသမား	a htan: dha. ma:
Portier (m)	တံခါးဝမှ ဧည့်ကြို	daga: wa. hma. e. kjou
Restaurant (n)	စားသောက်ဆိုင်	sa: thau' hsain
Bar (f)	ဘား	ba:
Frühstück (n)	နံနက်စာ	nan ne' za
Abendessen (n)	ညစာ	nja. za
Buffet (n)	ဘူဖေး	bu hpei:
Foyer (n)	နားနေဆောင်ခန်း	hna jaun gan:
Aufzug (m), Fahrstuhl (m)	ဓာတ်လှေကား	da' hlei ga:
BITTE NICHT STÖREN!	မနောင့်ယှက်ရ	ma. hnaun hje' ja.
RAUCHEN VERBOTEN!	ဆေးလိပ်မသောက်ရ	hsei: lei' ma. dhau' ja.

TECHNISCHES ZUBEHÖR. TRANSPORT

Technisches Zubehör

101. Computer

Computer (m)	ကွန်ပျူတာ	kun pju ta
Laptop (m), Notebook (n)	လပ်တော့	la' to.
einschalten (vt)	ဖွင့်သည်	hpwin. de
abstellen (vt)	ပိတ်သည်	pei' te
Tastatur (f)	ကီးဘုတ်	kji: bou'
Taste (f)	ကီး	kji:
Maus (f)	မောက်စ်	mau's
Mousepad (n)	မောက်စ်အောက်ခံပြား	mau's au' gan bja:
Knopf (m)	ခလုတ်	khalou'
Cursor (m)	ညွှန်းများ	hnjun: ma:
Monitor (m)	မော်နီတာ	mo ni ta
Schirm (m)	မှန်သားပြင်	hman dha: bjin
Festplatte (f)	ဟာ့ဒစ်-အချက်အလက်သိမ်းပစ္စည်း	ha' di' akja' ale' thein: bji' si:
Festplattengröße (f)	ဟတ်ဒစ်သိုလှောင်နိုင်မှု	ha' di' thou laun nain hmu.
Speicher (m)	မှတ်ဉာဏ်	hma' njan
Arbeitsspeicher (m)	ရမ်	ran
Datei (f)	ဖိုင်	hpain
Ordner (m)	စာတွဲဖိုင်	sa dwe: bain
öffnen (vt)	ဖွင့်သည်	hpwin. de
schließen (vt)	ပိတ်သည်	pei' te
speichern (vt)	သိမ်းဆည်းသည်	thain: zain: de
löschen (vt)	ဖျက်သည်	hpje' te
kopieren (vt)	မိတ္တူကူးသည်	mi' tu gu: de
sortieren (vt)	ခွဲသည်	khwe: de
transferieren (vt)	ပြန်ကူးသည်	pjan gu: de
Programm (n)	ပရိုဂရမ်	pa. jou ga. jan
Software (f)	ဆော့ဖ်ဝဲ	hso. hp we:
Programmierer (m)	ပရိုဂရမ်မာ	pa. jou ga. jan ma
programmieren (vt)	ပရိုဂရမ်ရေးသည်	pa. jou ga. jan jei: de
Hacker (m)	ဟက်ကာ	he' ka
Kennwort (n)	စကားဝှက်	zaga: hwe'
Virus (m, n)	ဗိုင်းရပ်စ်	bain ja's
entdecken (vt)	ရှာဖွေသည်	sha hpwei de

Byte (n)	ဘိုက်	bai'
Megabyte (n)	မီဂါဘိုက်	mi ga bai'
Daten (pl)	အချက်အလက်	ache' ale'
Datenbank (f)	ဒေတာဘေ့စ်	dei da bei. s
Kabel (n)	ကေဘယ်ကြိုး	kei be kjou:
trennen (vt)	ဖြုတ်သည်	hpjei: de
anschließen (vt)	တပ်သည်	ta' te

102. Internet. E-Mail

Internet (n)	အင်တာနက်	in ta na'
Browser (m)	ဘရောက်ဆာ	ba. jau' hsa
Suchmaschine (f)	ဆာ့ချ်အင်ဂျင်	hsa. ch in gjin
Provider (m)	ပံ့ပိုးသူ	pan. bou: dhu
Webmaster (m)	ဝဘ်မာစတာ	we' sai' ma sa. ta
Website (f)	ဝဘ်ဆိုက်	we' sai'
Webseite (f)	ဝဘ်ဆိုဒ်စာမျက်နှာ	we' sai' sa mje' hna
Adresse (f)	လိပ်စာ	lei' sa
Adressbuch (n)	လိပ်စာမှတ်စု	lei' sa hmat' su.
Mailbox (f)	စာတိုက်ပုံး	sa dai' poun:
Post (f)	စာ	sa
überfüllt (-er Briefkasten)	ပြည့်သော	pjei. de.
Mitteilung (f)	သတင်း	dhadin:
eingehenden Nachrichten	အဝင်သတင်း	awin dha din:
ausgehenden Nachrichten	အထွက်သတင်း	a htwe' tha. din:
Absender (m)	ပို့သူ	pou. dhu
senden (vt)	ပို့သည်	pou. de
Absendung (f)	ပို့ခြင်း	pou. gjin:
Empfänger (m)	လက်ခံသူ	le' khan dhu
empfangen (vt)	လက်ခံရရှိသည်	le' khan ja. shi. de
Briefwechsel (m)	စာအဆက်အသွယ်	sa ahse' athwe
im Briefwechsel stehen	စာပေးစာယူလုပ်သည်	sa pei: za ju lou' te
Datei (f)	ဖိုင်	hpain
herunterladen (vt)	ဒေါင်းလော့ဒ်လုပ်သည်	daun: lo. d lou' de
schaffen (vt)	ဖန်တီးသည်	hpan di: de
löschen (vt)	ဖျက်သည်	hpje' te
gelöscht (Datei)	ဖျက်ပြီးသော	hpje' pji: de.
Verbindung (f)	ဆက်သွယ်မှု	hse' thwe hmu.
Geschwindigkeit (f)	နှုန်း	hnun:
Modem (n)	မိုဒမ်း	mou dan:
Zugang (m)	ဝင်လမ်း	win lan
Port (m)	ဝဲဘက်	we: be'
Anschluss (m)	အချိတ်အဆက်	achei' ahse'

sich anschließen	ချိတ်ဆက်သည်	chei' hse' te
auswählen (vt)	ရွေးချယ်သည်	jwei: che de
suchen (vt)	ရှာသည်	sha de

103. Elektrizität

Elektrizität (f)	လျပ်စစ်ဓာတ်အား	hlja' si' da' a:
elektrisch	လျပ်စစ်နှင့်ဆိုင်သော	hlja' si' hnin. zain de.
Elektrizitätswerk (n)	လျပ်စစ်ထုတ်လုပ်သောစက်ရုံ	hlja' si' htou' lou' tho: ze' joun
Energie (f)	စွမ်းအင်	swan: in
Strom (m)	လျပ်စစ်စွမ်းအား	hlja' si' swan: a:

Glühbirne (f)	မီးသီး	mi: dhi:
Taschenlampe (f)	ဓာတ်မီး	da' mi:
Straßenlaterne (f)	လမ်းမီး	lan: mi:

Licht (n)	အလင်းရောင်	alin: jaun
einschalten (vt)	ဖွင့်သည်	hpwin. de
ausschalten (vt)	ပိတ်သည်	pei' te
das Licht ausschalten	မီးပိတ်သည်	mi: pi' te

durchbrennen (vi)	မီးကျွမ်းသည်	mi: kjwan: de
Kurzschluss (m)	လျပ်စီးပတ်လမ်းပြတ်ခြင်း	hlja' si: ba' lan: bja' chin:
Riß (m)	ဝိုင်ယာကြိုးအပြတ်	wain ja gjou: apja'
Kontakt (m)	လျပ်ကူးပစ္စည်း	hlja' ku: pji' si:

Schalter (m)	ခလုတ်	khalou'
Steckdose (f)	ပလပ်ပေါက်	pa. la' pau'
Stecker (m)	ပလပ်	pa. la'
Verlängerung (f)	ကြားဆက်ကြိုး	ka: ze' kjou:

Sicherung (f)	ဖျူးစ်	hpju: s
Leitungsdraht (m)	ဝိုင်ယာကြိုး	wain ja gjou:
Verdrahtung (f)	လျပ်စစ်ကြိုးသွယ်တန်းမှု	hlja' si' kjou: dhwe dan: hmu

Ampere (n)	အမ်ပီယာ	an bi ja
Stromstärke (f)	အသံချဲစက်	athan che. zek
Volt (n)	ဗို့	boi.
Voltspannung (f)	ဗို့အား	bou. a:

| Elektrogerät (n) | လျပ်စစ်ပစ္စည်း | hlja' si' pji' si: |
| Indikator (m) | အချက်ပြ | ache' pja. |

Elektriker (m)	လျပ်စစ်ပညာရှင်	hlja' si' pa. nja shin
löten (vt)	ဂဟေဆော်သည်	gahei hso de
Lötkolben (m)	ဂဟေဆော်တံ	gahei hso dan
Strom (m)	လျပ်စီးကြောင်း	hlja' si: gjaun:

104. Werkzeug

| Werkzeug (n) | ကိရိယာ | ki. ji. ja |
| Werkzeuge (pl) | ကိရိယာများ | ki. ji. ja mja: |

Ausrüstung (f)	စက်ကိရိယာပစ္စည်းများ	se' kari. ja pji' si: mja:
Hammer (m)	တူ	tu
Schraubenzieher (m)	ဝက်အူလှည့်	we' u hli.
Axt (f)	ပုဆိန်	pahsein

Säge (f)	လွှ	hlwa.
sägen (vt)	လွှတိုက်သည်	hlwa. dai' de
Hobel (m)	ရွှေပေါ်	jwei bo
hobeln (vt)	ရွှေပေါ်ထိုးသည်	jwei bo dou: de
Lötkolben (m)	ဂဟေဆော်တံ	gahei hso dan
löten (vt)	ဂဟေဆော်သည်	gahei hso de

Feile (f)	တံစဉ်း	tan zin:
Kneifzange (f)	သံညှပ်	than hnou'
Flachzange (f)	ပလာယာ	pa. la ja
Stemmeisen (n)	ဆောက်	hsau'

Bohrer (m)	လွန်	lun
Bohrmaschine (f)	လျပ်စစ်လွန်	hlja' si' lun
bohren (vt)	လွန်းဖြင့်ဖောက်သည်	lun bjin. bau' de

Messer (n)	ဓား	da:
Taschenmesser (n)	မောင်းဂျက်ဓား	maun: gje' da:
Klinge (f)	ဓားသွား	da: dhwa

scharf (-e Messer usw.)	ချွန်ထက်သော	chwan de' te.
stumpf	တုံးသော	toun: dho:
stumpf werden (vi)	တုံးသွားသည်	toun: dwa de
schärfen (vt)	သွေးသည်	thwei: de

Bolzen (m)	မူလီ	mu li
Mutter (f)	မူလီခေါင်း	mu li gaun:
Gewinde (n)	ဝက်အူရစ်	we' u ji'
Holzschraube (f)	ဝက်အူ	we' u

| Nagel (m) | အိမ်မိရိုက်သံ | ein jai' than |
| Nagelkopf (m) | သံခေါင်း | than gaun: |

Lineal (n)	ပေတံ	pei dan
Metermaß (n)	ပေကြိုး	pei gjou:
Wasserwaage (f)	ရေချိန်	jei gjain
Lupe (f)	မှန်ဘီလူး	hman bi lu:

Messinstrument (n)	တိုင်းသည့်ကိရိယာ	tain: dhi. ki. ji. ja
messen (vt)	တိုင်းသည်	tain: de
Skala (f)	စကေး	sakei:
Ablesung (f)	ပြဆောပမာဏ	pja. dho: ba ma na.

| Kompressor (m) | ဖိသိပ်စက် | hpi. dhi' se' |
| Mikroskop (n) | အဏုကြည့်ကိရိယာ | anu gji. gi. ji. ja |

Pumpe (f)	လေထိုးစက်	lei dou: ze'
Roboter (m)	စက်ရုပ်	se' jou'
Laser (m)	လေဆာ	lei za
Schraubenschlüssel (m)	ရှ	khwa.
Klebeband (n)	တိပ်	tei'

Klebstoff (m)	ကော်	ko
Sandpapier (n)	ကော်ဖတ်စက္ကူ	ko hpa' se' ku
Sprungfeder (f)	ညှတ်သံခွေ	hnju' dhan gwei
Magnet (m)	သံလိုက်	than lai'
Handschuhe (pl)	လက်အိတ်	lei' ei'
Leine (f)	ကြိုး	kjou:
Schnur (f)	ကြိုးလုံး	kjou: loun:
Draht (m)	ဝိုင်ယာကြိုး	wain ja gjou:
Kabel (n)	ကေဘယ်ကြိုး	kei be kjou:
schwerer Hammer (m)	တူကြီး	tou gji:
Brecheisen (n)	တူးရွင်း	tu: jwin:
Leiter (f)	လှေကား	hlei ga:
Trittleiter (f)	ခေါက်လှေကား	khau' hlei ka:
zudrehen (vt)	ဝက်အူကျစ်သည်	we' u gji' te
abdrehen (vt)	ဝက်အူဖြုတ်သည်	we' u bju' te
zusammendrücken (vt)	ကျပ်သည်	kja' te.
ankleben (vt)	ကော်ကပ်သည်	ko ka' de
schneiden (vt)	ဖြတ်သည်	hpja' te
Störung (f)	ချွတ်ယွင်းချက်	chwe' jwin: che'
Reparatur (f)	ပြန်လည်းပြင်ဆင်ခြင်း	pjan le: bjin zin gjin:
reparieren (vt)	ပြန်လည်ပြင်ဆင်သည်	pjan le bjin zin de
einstellen (vt)	ညှိသည်	hnji. de
prüfen (vt)	စစ်ဆေးသည်	si' hsei: de
Prüfung (f)	စစ်ဆေးခြင်း	si' hsei: gjin:
Ablesung (f)	ပြသောပမာဏ	pja. dho: ba ma na.
sicher (zuverlässigen)	စိတ်ချရသော	sei' cha. ja. de.
kompliziert (Adj)	ရှုပ်ထွေးသော	sha' htwei: de.
verrosten (vi)	သံချေးတက်သည်	than gjei: da' te
rostig	သံချေးတက်သော	than gjei: da' te.
Rost (m)	သံချေး	than gjei:

Transport

Flugzeug (n)	လေယာဉ်	lei jan
Flugticket (n)	လေယာဉ်လက်မှတ်	lei jan le' hma'
Fluggesellschaft (f)	လေကြောင်း	lei gjaun:
Flughafen (m)	လေဆိပ်	lei zi'
Überschall-	အသံထက်မြန်သော	athan de' mjan de.
Flugkapitän (m)	လေယာဉ်မှူး	lei jan hmu:
Besatzung (f)	လေယာဉ်အမှုထမ်းအဖွဲ့	lei jan ahmu. dan: ahpwe.
Pilot (m)	လေယာဉ်မောင်းသူ	lei jan maun dhu
Flugbegleiterin (f)	လေယာဉ်မယ်	lei jan me
Steuermann (m)	လေကြောင်းပြ	lei gjaun: bja.
Flügel (pl)	လေယာဉ်တောင်ပံ	lei jan daun ban
Schwanz (m)	လေယာဉ်အမြီး	lei jan amji:
Kabine (f)	လေယာဉ်မောင်းအခန်း	lei jan maun akhan:
Motor (m)	အင်ဂျင်	in gjin
Fahrgestell (n)	အောက်ခံဘောင်	au' khan baun
Turbine (f)	တာဗိုင်	ta bain
Propeller (m)	ပန်ကာ	pan ga
Flugschreiber (m)	ဘလက်ဘောက်	ba. le' bo'
Steuerrad (n)	ပဲ့ကိုင်ဘီး	pe. gain bi:
Treibstoff (m)	လောင်စာ	laun za
Sicherheitskarte (f)	အရေးပေါ် လုံခြုံရေး ညွှန်ကြားစာ	ajei: po' choun loun jei: hnjun gja: za
Sauerstoffmaske (f)	အောက်ဆီဂျင်မျက်နှာဖုံး	au' hsi gjin mje' hna hpoun:
Uniform (f)	ယူနီဖောင်း	ju ni hpaun:
Rettungsweste (f)	အသက်ကယ်အကျ	athe' kai in: gji
Fallschirm (m)	လေထီး	lei di:
Abflug, Start (m)	ထွက်ခွါခြင်း	htwe' khwa gjin:
starten (vi)	ပျံတက်သည်	pjan de' te
Startbahn (f)	လေယာဉ်ပြေးလမ်း	lei jan bei: lan:
Sicht (f)	မြင်ကွင်း	mjin gwin:
Flug (m)	ပျံသန်းခြင်း	pjan dan: gjin:
Höhe (f)	အမြင့်	amjin.
Luftloch (n)	လေမြုပ်အရပ်	lei ma ngjin aja'
Platz (m)	ထိုင်နံ	htain goun
Kopfhörer (m)	နားကြပ်	na: kja'
Klapptisch (m)	ခေါက်စားပွဲ	khau' sa: bwe:
Bullauge (n)	လေယာဉ်ပြတင်းပေါက်	lei jan bja. din: bau'
Durchgang (m)	မင်းလမ်း	min: lan:

106. Zug

Zug (m)	ရထား	jatha:
elektrischer Zug (m)	လျှပ်စစ်ဓာတ်အားသုံးရထား	hlja' si' da' a: dhou: ja da:
Schnellzug (m)	အမြန်ရထား	aman ja. hta:
Diesellok (f)	ဒီဇယ်ရထား	di ze ja da:
Dampflok (f)	ရေနွေးငွေ့စက်ခေါင်း	jei nwei: ngwei. ze' khaun:
Personenwagen (m)	အတွဲ	atwe:
Speisewagen (m)	စားသောက်တွဲ	sa: thau' thwe:
Schienen (pl)	ရထားသံလမ်း	jatha dhan lan:
Eisenbahn (f)	ရထားလမ်း	jatha: lan:
Bahnschwelle (f)	ဇလီဖားတုံး	zali ba: doun
Bahnsteig (m)	စင်္ကြန်	sin gjan
Gleis (n)	ရထားစင်္ကြန်	jatha zin gjan
Eisenbahnsignal (n)	မီးပွိုင့်	mi: bwain.
Station (f)	ဘူတာရုံ	bu da joun
Lokomotivführer (m)	ရထားမောင်းသူ	jatha: maun: dhu
Träger (m)	အထမ်းသမား	a htan: dha. ma:
Schaffner (m)	အစောင့်	asaun.
Fahrgast (m)	ခရီးသည်	khaji: de
Fahrkartenkontrolleur (m)	လက်မှတ်စစ်ဆေးသူ	le' hma' ti' hsei: dhu:
Flur (m)	ကော်ရစ်တာ	ko ji' ta
Notbremse (f)	အရေးပေါ်ဘရိတ်	ajei: po' ba ji'
Abteil (n)	အခန်း	akhan:
Liegeplatz (m), Schlafkoje (f)	အိပ်စင်	ei' zin
oberer Liegeplatz (m)	အပေါ်ထပ်အိပ်စင်	apo htap ei' sin
unterer Liegeplatz (m)	အောက်ထပ်အိပ်စင်	au' hta' ei' sin
Bettwäsche (f)	အိပ်ရာခင်း	ei' ja khin:
Fahrkarte (f)	လက်မှတ်	le' hma'
Fahrplan (m)	အချိန်ဇယား	achein zaja:
Anzeigetafel (f)	အချက်အလက်ပြနေရာ	ache' ale' pja. nei ja
abfahren (der Zug)	ထွက်ခွာသည်	htwe' khwa de
Abfahrt (f)	အထွက်	a htwe'
ankommen (der Zug)	ဆိုက်ရောက်သည်	hseu' jau' de
Ankunft (f)	ဆိုက်ရောက်ရာ	hseu' jau' ja
mit dem Zug kommen	မီးရထားဖြင့်ရောက်ရှိသည်	mi: ja. da: bjin. jau' shi. de
in den Zug einsteigen	မီးရထားစီးသည်	mi: ja. da: zi: de
aus dem Zug aussteigen	မီးရထားမှဆင်းသည်	mi: ja. da: hma. zin: de
Zugunglück (n)	ရထားတိုက်ခြင်း	jatha: dai' chin:
entgleisen (vi)	ရထားလမ်းချော်သည်	jatha: lan: gjo de
Dampflok (f)	ရေနွေးငွေ့စက်ခေါင်း	jei nwei: ngwei. ze' khaun:
Heizer (m)	မီးထိုးသမား	mi: dou: dhama:
Feuerbüchse (f)	မီးဖို	mi: bou
Kohle (f)	ကျောက်မီးသွေး	kjau' mi dhwei:

107. Schiff

Deutsch	Birmanisch	Lautschrift
Schiff (n)	သင်္ဘော	thin: bo:
Fahrzeug (n)	ရေယာဉ်	jei jan
Dampfer (m)	မီးသင်္ဘော	mi: dha. bo:
Motorschiff (n)	အပျော်စီးမော်တော်ဘုတ်ငယ်	apjo zi: mo do bou' nge
Kreuzfahrtschiff (n)	ပင်လယ်အပျော်စီးသင်္ဘော	pin le apjo zi: dhin: bo:
Kreuzer (m)	လေယာဉ်တင်သင်္ဘော	lei jan din
Jacht (f)	အပျော်စီးရွက်လှေ	apjo zi: jwe' hlei
Schlepper (m)	ဆွဲသင်္ဘော	hswe: thin: bo:
Lastkahn (m)	ဖောင်	hpaun
Fähre (f)	ကူးတို့.သင်္ဘော	gadou. thin: bo:
Segelschiff (n)	ရွက်သင်္ဘော	jwe' thin: bo:
Brigantine (f)	ရွက်လှေ	jwe' hlei
Eisbrecher (m)	ရေခဲပြင်ခွဲသင်္ဘော	jei ge: bjin gwe: dhin: bo:
U-Boot (n)	ရေငုပ်သင်္ဘော	jei ngou' thin: bo:
Boot (n)	လှေ	hlei
Dingi (n), Beiboot (n)	ရော်ဘာလှေ	jo ba hlei
Rettungsboot (n)	အသက်ကယ်လှေ	athe' kai hlei
Motorboot (n)	မော်တော်ဘုတ်	mo to bou'
Kapitän (m)	ရေယာဉ်မှူး	jei jan hmu:
Matrose (m)	သင်္ဘောသား	thin: bo: dha:
Seemann (m)	သင်္ဘောသား	thin: bo: dha:
Besatzung (f)	သင်္ဘောအမှုထမ်းအဖွဲ့	thin: bo: ahmu. htan: ahpwe.
Bootsmann (m)	ရေတပ်အရာရှိငယ်	jei da' aja shi. nge
Schiffsjunge (m)	သင်္ဘောသားကာလေး	thin: bo: dha: galei:
Schiffskoch (m)	ထမင်းချက်	htamin: gje'
Schiffsarzt (m)	သင်္ဘောဆရာဝန်	thin: bo: zaja wun
Deck (n)	သင်္ဘောကုန်းပတ်	thin: bo: koun: ba'
Mast (m)	ရွက်တိုင်	jwe' tai'
Segel (n)	ရွက်	jwe'
Schiffsraum (m)	ဝမ်းတွင်း	wan: twin:
Bug (m)	ဦးပုန်း	u: zun:
Heck (n)	ပို့ပ်း	pe. bain:
Ruder (n)	လှော်တက်	hlo de'
Schraube (f)	သင်္ဘောပန်ကာ	thin: bo: ban ga
Kajüte (f)	သင်္ဘောပေါ်မှအခန်း	thin: bo: bo hma. aksan:
Messe (f)	အရာရှိများစိုစ်ဝသာ	aja shi. mja: jin dha
Maschinenraum (m)	စက်ခန်း	se' khan:
Kommandobrücke (f)	ကွပ်ကဲခန်း	ku' ke: khan:
Funkraum (m)	ရေဒီယိုခန်း	rei di jou gan:
Radiowelle (f)	လှိုင်း	hlain:
Schiffstagebuch (n)	မှတ်တမ်းစာအုပ်	hma' tan: za ou'
Fernrohr (n)	အဝေးကြည့်မှန်ပြောင်း	awei: gji. hman bjaun:
Glocke (f)	ခေါင်းလောင်း	gaun: laun:

Fahne (f)	အလံ	alan
Seil (n)	သင်္ဘောသုံးလွန်ကြိုး	thin: bo: dhaun: lun gjou:
Knoten (m)	ကြိုးထုံး	kjou: htoun:

| Geländer (n) | လက်ရန်း | le' jan |
| Treppe (f) | သင်္ဘောကုန်းပေါ်ဝင် | thin: bo: koun: baun |

Anker (m)	ကျောက်ဆူး	kjau' hsu:
den Anker lichten	ကျောက်ဆူးနုတ်သည်	kjau' hsu: nou' te
Anker werfen	ကျောက်ချသည်	kjau' cha. de
Ankerkette (f)	ကျောက်ဆူးကြိုး	kjau' hsu: kjou:

Hafen (m)	ဆိပ်ကမ်း	hsi' kan:
Anlegestelle (f)	သင်္ဘောဆိပ်	thin: bo: zei'
anlegen (vi)	ဆိုက်ကပ်သည်	hseu' ka' de
abstoßen (vt)	တွန်းပစ်သည်	sun. bi' de

Reise (f)	ခရီးထွက်ခြင်း	khaji: htwe' chin:
Kreuzfahrt (f)	အပျော်ခရီး	apjo gaji:
Kurs (m), Richtung (f)	ဦးတည်ရာ	u: ti ja
Reiseroute (f)	လမ်းကြောင်း	lan: gjaun:

Fahrwasser (n)	သင်္ဘောရေကြောင်း	thin: bo: jei gjaun:
Untiefe (f)	ရေတိမ်ပိုင်း	jei dein bain:
stranden (vi)	ကမ်းကပ်သည်	kan ka' te

Sturm (m)	မုန်တိုင်း	moun dain:
Signal (n)	အချက်ပြ	ache' pja.
untergehen (vi)	နစ်မြုပ်သည်	ni' mjou' te
Mann über Bord!	လူရေထဲကျ	lu jei de: gja
SOS	အက်စ်အိုအက်စ်	e's o e's
Rettungsring (m)	အသက်ကယ်ဘော	athe' kai bo

108. Flughafen

Flughafen (m)	လေဆိပ်	lei zi'
Flugzeug (n)	လေယာဉ်	lei jan
Fluggesellschaft (f)	လေကြောင်း	lei gjaun:
Fluglotse (m)	လေကြောင်းထိန်း	lei kjaun: din:

Abflug (m)	ထွက်ခွာရာ	htwe' khwa ja
Ankunft (f)	ဆိုက်ရောက်ရာ	hseu' jau' ja
anfliegen (vi)	ဆိုက်ရောက်သည်	hsai' jau' te

| Abflugzeit (f) | ထွက်ခွာချိန် | htwe' khwa gjein |
| Ankunftszeit (f) | ဆိုက်ရောက်ချိန် | hseu' jau' chein |

| sich verspäten | နောက်ကျသည် | nau' kja. de |
| Abflugverspätung (f) | လေယာဉ်နောက်ကျခြင်း | lei jan nau' kja. chin: |

Anzeigetafel (f)	လေယာဉ်ခရီးစဉ်ပြဘုတ်	lei jan ga. ji: zi bja. bou'
Information (f)	သတင်းအချက်အလက်	dhadin: akje' ale'
ankündigen (vt)	ကြေငြာသည်	kjei nja de
Flug (m)	ပျံသန်းမှု	pjan dan: hmu.

Zollamt (n)   အကောက်ခိ6   akau' hsein
Zollbeamter (m)   အကောက်ခွန်အရာရှိ   akau' khun aja shi.

Zolldeklaration (f)   အကောက်ခွန်ကြေငြာချက်   akau' khun gjei nja gje'
ausfüllen (vt)   လျှောက်လွှာဖြည့်သည်   shau' hlwa bji. de
die Zollerklärung ausfüllen   သည်ယူပစ္စည်းစာရင်း   the ju pji' si: zajin:
                          ကြေညာသည်   kjei nja de
Passkontrolle (f)   ပတ်စ်ပို့ထိန်းချုပ်မှု   pa's pou. htein: gju' hmu.

Gepäck (n)   ဝန်စည်စလည်   wun zi za. li
Handgepäck (n)   လက်ဆွဲပစ္စည်း   le' swe: pji' si:
Kofferkuli (m)   ပစ္စည်းတင်သည့်လှည်း   pji' si: din dhe. hle:

Landung (f)   ဆင်းသက်ခြင်း   hsin: dha' chin:
Landebahn (f)   အဆင်းလမ်း   ahsin: lan:
landen (vi)   ဆင်းသက်သည်   hsin: dha' te
Fluggasttreppe (f)   လေယာဉ်လှေကား   lei jan hlei ka:

Check-in (n)   စာရင်းသွင်းခြင်း   sajin: dhwin: gjin:
Check-in-Schalter (m)   စာရင်းသွင်းကောင်တာ sajin: gaun da
sich registrieren lassen   စာရင်းသွင်းသည်   sajin: dhwin: de
Bordkarte (f)   လေယာဉ်ပေါ် တက်ခွင့်လက်မှတ် lei jan bo de' khwin. le' hma'
Abfluggate (n)   လေယာဉ်ထွက်ရွာရာဂိတ် lei jan dwe' khwa ja gei'

Transit (m)   အကူးအပြောင်း   aku: apjaun:
warten (vi)   စောင့်သည်   saun. de
Wartesaal (m)   ထွက်ရွာရခန်းမ   htwe' kha ja gan: ma.
begleiten (vt)   လိုက်ပို့သည်   lai' bou. de
sich verabschieden   နှုတ်ဆက်သည်   hnou' hsei' te

Lebensereignisse

Fest (n)	ပျော်ပွဲရှင်ပွဲ	pjo bwe: shin bwe:
Nationalfeiertag (m)	အမျိုးသားနေ့	amjou: dha: nei.
Feiertag (m)	ပွဲတော်ရက်	pwe: do je'
feiern (vt)	အထိမ်းအမှတ်အဖြစ်ကျင်း ပသည်	a htin: ahma' ahpja' kjin: ba. de
Ereignis (n)	အဖြစ်အပျက်	a hpji' apje'
Veranstaltung (f)	အစီအစဉ်	asi asin
Bankett (n)	ဂုဏ်ပြုပားပွဲ	goun bju za: bwe:
Empfang (m)	ဧည့်ကြိုနေရာ	e. gjou nei ja
Festmahl (n)	စားသောက်ဧည့်ခံပွဲ	sa: thau' e. gan bwe:
Jahrestag (m)	နှစ်ပတ်လည်	hni' ba' le
Jubiläumsfeier (f)	ရတု	jadu.
begehen (vt)	ကျင်းပသည်	kjin: ba. de
Neujahr (n)	နှစ်သစ်ကူး	hni' thi' ku:
Frohes Neues Jahr!	ပျော်ရွှင်ဖွယ်နှစ်သစ်ကူး ဖြစ်ပါစေ	pjo shin bwe: hni' ku: hpji' ba zei
Weihnachtsmann (m)	ခရစ္စမတ်တိုးတိုး	khari' sa. ma' bou: bou:
Weihnachten (n)	ခရစ္စမတ်ပွဲတော်	khari' sa. ma' pwe: do
Frohe Weihnachten!	မယ်ရီခရစ္စမတ်	me ji kha. ji' sa. ma'
Tannenbaum (m)	ခရစ္စမတ်သစ်ပင်	khari' sa. ma' thi' pin
Feuerwerk (n)	မီးရှူးမီးပန်း	mi: shu: mi: ban:
Hochzeit (f)	မင်္ဂလာဆောင်ပွဲ	min ga. la zaun bwe:
Bräutigam (m)	သတို့သား	dhadou. tha:
Braut (f)	သတို့သမီး	dhadou. thami:
einladen (vt)	ဖိတ်သည်	hpi' de
Einladung (f)	ဖိတ်စာကဒ်	hpi' sa ka'
Gast (m)	ဧည့်သည်	e. dhe
besuchen (vt)	အိမ်လည်သွားသည်	ein le dhwa: de
Gäste empfangen	ဧည့်သည်ကြိုဆိုသည်	e. dhe gjou zou de
Geschenk (n)	လက်ဆောင်	le' hsaun
schenken (vt)	ပေးသည်	pei: de
Geschenke bekommen	လက်ဆောင်ရသည်	le' hsaun ja. de
Blumenstrauß (m)	ပန်းစည်း	pan: ze:
Glückwunsch (m)	ဂုဏ်ပြုခြင်း	goun bju chin:
gratulieren (vi)	ဂုဏ်ပြုသည်	goun bju de
Glückwunschkarte (f)	ဂုဏ်ပြုကဒ်	goun bju ka'
eine Karte abschicken	ပို့စ်ကဒ်ပေးသည်	pou. s ka' pei: de

eine Karte erhalten	ပို့စ်ကဒ်လက်ခံရရှိသည်	pou. s ka' le' khan ja. shi. de
Trinkspruch (m)	ဆုတောင်းဂုဏ်ပြုခြင်း	hsu. daun: goun pju. gjin:
anbieten (vt)	ကျွေးသည်	kjwei: de
Champagner (m)	ရှန်ပိန်	shan pein
sich amüsieren	ပျော်ရွှင်သည်	pjo shwin de
Fröhlichkeit (f)	ပျော်ရွှင်မှု	pjo shwin hmu
Freude (f)	ပျော်ရွှင်ခြင်း	pjo shwin gjin:
Tanz (m)	အက	aka.
tanzen (vi, vt)	ကသည်	ka de
Walzer (m)	ဝေါ့ဇ်အက	wo. z aka.
Tango (m)	တန်ဂိုအက	tan gou aka.

110. Bestattungen. Begräbnis

Friedhof (m)	သင်္ချိုင်း	thin gjain:
Grab (n)	အုတ်ဂူ	ou' gu
Kreuz (n)	လက်ဝါးကပ်တိုင်အမှတ်အသား	le' wa: ka' tain ahma' atha:
Grabstein (m)	အုတ်ဂူကျောက်တုံး	ou' gu kjau' toun.
Zaun (m)	ခြံစည်းရိုး	chan zi: jou:
Kapelle (f)	ဝတ်ပြုဆုတောင်းရာနေရာ	wa' pju. u. daun: ja nei ja
Tod (m)	သေခြင်းတရား	thei gjin: daja:
sterben (vi)	ကွယ်လွန်သည်	kwe lun de
Verstorbene (m)	ကွယ်လွန်သူ	kwe lun dhu
Trauer (f)	ဝမ်းနည်းကြေကွဲခြင်း	wan: ne: gjei gwe gjin:
begraben (vt)	မြေမြှုပ်သင်္ဂြိုလ်သည်	mjei hmjou' dha. gjoun de
Bestattungsinstitut (n)	အသုဘရှုရန်နေရာ	athu. ba. shu. jan nei ja
Begräbnis (n)	စျာပန	za ba. na.
Kranz (m)	ပန်းခွေ	pan gwei
Sarg (m)	ခေါင်း	gaun:
Katafalk (m)	နိဗ္ဗာန်ယာဉ်	nei' ban jan
Totenhemd (n)	လူသေပတ်သည့်အဝတ်စ	lu dhei ba' the. awa' za.
Trauerzug (m)	အသုဘယာဉ်တန်း	athu. ba. in dan:
Urne (f)	အရိုးပြာအိုး	ajain: bja ou:
Krematorium (n)	မီးသင်္ဂြိုလ်ရုံ	mi: dha. gjoun joun
Nachruf (m)	နာရေးသတင်း	na jei: dha. din:
weinen (vi)	ငိုသည်	ngou de
schluchzen (vi)	ရှိုက်ငိုသည်	shai' ngou de

111. Krieg. Soldaten

Zug (m)	တပ်စု	ta' su.
Kompanie (f)	တပ်ခွဲ	ta' khwe:
Regiment (n)	တပ်ရင်း	ta' jin:
Armee (f)	တပ်မတော်	ta' mado

Division (f)	တိုင်းအဆင့်	tain: ahsin.
Abteilung (f)	အထူးစစ်သားအဖွဲ့ဝယ်	a htu: za' tha: ahpwe. nge
Heer (n)	စစ်တပ်ရဲ့	si' ta' hpwe.

| Soldat (m) | စစ်သား | si' tha: |
| Offizier (m) | အရာရှိ | aja shi. |

Soldat (m)	တပ်သား	ta' tha:
Feldwebel (m)	တပ်ကြပ်ကြီး	ta' kja' kji:
Leutnant (m)	ဗိုလ်	bou
Hauptmann (m)	ဗိုလ်ကြီး	bou gji
Major (m)	ဗိုလ်မှူး	bou hmu:
Oberst (m)	ဗိုလ်မှူးကြီး	bou hmu: gji:
General (m)	ဗိုလ်ချုပ်	bou gjou'

Matrose (m)	ရေတပ်သား	jei da' tha:
Kapitän (m)	ဗိုလ်ကြီး	bou gji
Bootsmann (m)	သင်္ဘောအရာရှိဝယ်	thin: bo: aja shi. nge

Artillerist (m)	အမြောက်တပ်သား	amjau' thin de.
Fallschirmjäger (m)	လေထီးခုန်စစ်သား	lei di: goun zi' tha:
Pilot (m)	လေယာဉ်မှူး	lei jan hmu:
Steuermann (m)	လေကြောင်းပြ	lei gjaun: bja.
Mechaniker (m)	စက်ပြင်ဆရာ	se' pjin zaja

| Pionier (m) | နိုင်ရှင်းသူ | main: shin: dhu |
| Fallschirmspringer (m) | လေထီးခုန်သူ | lei di: goun dhu |

| Aufklärer (m) | ကင်းထောက် | kin: dau' |
| Scharfschütze (m) | လက်ဖြောင့်စစ်သား | le' hpaun. zi' tha: |

Patrouille (f)	လှည့်ကင်း	hle. kin:
patrouillieren (vi)	ကင်းလှည့်သည်	kin: hle. de
Wache (f)	ကင်းသမား	kin: dhama:

| Krieger (m) | စစ်သည် | si' te |
| Patriot (m) | မျိုးချစ်သူ | mjou: gji dhu |

Held (m)	သူရဲကောင်း	thu je: kaun:
Heldin (f)	အမျိုးသမီးလှ	amjou: dhami: lu
	စွမ်းကောင်း	swan: gaun:

| Verräter (m) | သစ္စာဖောက် | thi' sabau' |
| verraten (vt) | သစ္စာဖောက်သည် | thi' sabau' te |

| Deserteur (m) | စစ်ပြေး | si' pjei: |
| desertieren (vi) | စစ်တပ်မှထွက်ပြေးသည် | si' ta' hma. dwe' pjei: de |

Söldner (m)	ကြေးစားစစ်သား	kjei: za za' tha:
Rekrut (m)	တပ်သားသစ်	ta' tha: dhi'
Freiwillige (m)	မိမိ၏ရွှေ့	mi. mi. i zan da.
	အရစ်ထဝင်သူ	aja. zi' hte: win dhu

Getoetete (m)	တိုက်ပွဲကျသူ	tai' pwe: gja dhu
Verwundete (m)	ဒဏ်ရာရသူ	dan ja ja. dhu
Kriegsgefangene (m)	စစ်သုံ့ပန်း	si' thoun. ban:

112. Krieg. Militärische Aktionen. Teil 1

Deutsch	Birmanisch	Aussprache
Krieg (m)	စစ်ပွဲ	si' pwe:
Krieg führen	စစ်ပွဲပါဝင်ဆင်နွှဲသည်	si' pwe: ba win zin hnwe: de
Bürgerkrieg (m)	ပြည်တွင်းစစ်	pji dwin: zi'

heimtückisch (Adv)	သွက္ကဖောက်သွေဝီလျက်	thi' sabau' thwei bi le'
Kriegserklärung (f)	စစ်ကြေညာခြင်း	si' kjei nja gjin:
erklären (den Krieg ~)	ကြေညာသည်	kjei nja de
Aggression (f)	ကျူးကျော်ရန်စမှု	kju: gjo jan za. hmu.
einfallen (Staat usw.)	တိုက်ခိုက်သည်	tai' khai' te

einfallen (in ein Land ~)	ကျူးကျော်ဝင်ရောက်သည်	kju: gjo win jau' te
Invasoren (pl)	ကျူးကျော်ဝင်ရောက်သူ	kju: gjo win jau' thu
Eroberer (m), Sieger (m)	အောင်နိုင်သူ	aun nain dhu

Verteidigung (f)	ကာကွယ်ရေး	ka gwe ei:
verteidigen (vt)	ကာကွယ်သည်	ka gwe de
sich verteidigen	ခုခံကာကွယ်သည်	khu. gan ga gwe de

Feind (m), Gegner (m)	ရန်သူ	jan dhu
Feind (m)	ရန်သူ	jan dhu
Gegner (m)	ပြိုင်ဘက်	pjain be'
Feind-	ရန်သူ	jan dhu

Strategie (f)	မဟာဗျူဟာ	maha bju ha
Taktik (f)	ဗျူဟာ	bju ha

Befehl (m)	အမိန့်	amin.
Anordnung (f)	အမိန့်	amin.
befehlen (vt)	အမိန့်ပေးသည်	amin. bei: de
Auftrag (m)	ရည်မှန်းချက်	ji hman: gje'
geheim (Adj)	လျှို့ဝှက်သော	shou. hwe' te.

Gefecht (n)	တိုက်ပွဲ	tai' pwe:
Schlacht (f)	တိုက်ပွဲငယ်	tai' pwe: nge
Kampf (m)	တိုက်ပွဲ	tai' pwe:

Angriff (m)	တိုက်စစ်	tai' si'
Sturm (m)	တဟုန်ထိုးတိုက်ခိုက်ခြင်း	tahoun
stürmen (vt)	တရုံးတိုက်ခိုက်သည်	tara gjan: dai' khai' te
Belagerung (f)	ဝန်းရံလုပ်ကြံခြင်း	wun: jan lou' chan gjin:

Angriff (m)	ထိုးစစ်	htou: zi'
angreifen (vt)	ထိုးစစ်ဆင်နွှဲသည်	htou: zi' hsin hnwe: de

Rückzug (m)	ဆုတ်ခွာခြင်း	hsou' khwa gjin:
sich zurückziehen	ဆုတ်ခွာသည်	hsou' khwa de

Einkesselung (f)	ဝန်းရံပိတ်ဆို့ထားခြင်း	wun: jan bei' zou. da: chin:
einkesseln (vt)	ဝန်းရံပိတ်ဆို့ထားသည်	wun: jan bei' zou. da: de

Bombenangriff (m)	ဗုံးကြဲခြင်း	boun: gje: gja. gjin:
eine Bombe abwerfen	ဗုံးကြဲသည်	boun: gje: gja. de
bombardieren (vt)	ဗုံးကြဲတိုက်ခိုက်သည်	boun: gje: dai' khai' te

Explosion (f)	ပေါက်ကွဲမှု	pau' kwe: hmu.
Schuss (m)	ပစ်ချက်	pi' che'
schießen (vt)	ပစ်သည်	pi' te
Schießerei (f)	ပစ်ခတ်ခြင်း	pi' che' chin:
zielen auf ...	ပစ်မှတ်ရှိန်သည်	pi' hma' chein de
richten (die Waffe)	ရှိန်ရွယ်သည်	chein jwe de
treffen (ins Schwarze ~)	ပစ်မှတ်ထိသည်	pi' hma' hti. de
versenken (vt)	နစ်မြုပ်သည်	ni' mjou' te
Loch (im Schiffsrumpf)	အပေါက်	apau'
versinken (Schiff)	နစ်မြုပ်သည်	hni' hmjou' te
Front (f)	ရှေ့တန်း	shei. dan:
Evakuierung (f)	စစ်ဘေးရှောင်ခြင်း	si' bei: shaun gjin:
evakuieren (vt)	စစ်ဘေးရှောင်သည်	si' bei: shaun de
Schützengraben (m)	ကတုတ်ကျင်း	gadou kjin:
Stacheldraht (m)	သံဆူးကြိုး	than zu: gjou:
Sperre (z.B. Panzersperre)	အတားအဆီး	ata: ahsi:
Wachtturm (m)	မျှော်စင်	hmjo zin
Lazarett (n)	ရှေ့တန်းစစ်ဆေးရုံ	shei. dan: zi' zei: joun
verwunden (vt)	ဒဏ်ရာရသည်	dan ja ja. de
Wunde (f)	ဒဏ်ရာ	dan ja
Verwundete (m)	ဒဏ်ရာရသူ	dan ja ja. dhu
verletzt sein	ဒဏ်ရာရစေသည်	dan ja ja. zei de
schwer (-e Verletzung)	ပြင်းထန်သော	pjin: dan dho:

113. Krieg. Militärische Aktionen. Teil 2

Gefangenschaft (f)	သုံ့ပန်း	thoun. ban:
gefangen nehmen (vt)	သုံ့ပန်းအဖြစ်ဖမ်းသည်	thoun. ban: ahpji' hpan: de
in Gefangenschaft sein	သုံ့ပန်းဖြစ်သွားသည်	thoun. ban: bji' thwa: de
in Gefangenschaft geraten	သုံ့ပန်းအဖြစ်အဖမ်းခံရသည်	thoun. ban: ahpji' ahpan: gan ja. de
Konzentrationslager (n)	ညှင်းပန်းနှိပ်စက်ရာစခန်း	hnjin: ban: nei' ze' ja za. gan:
Kriegsgefangene (m)	စစ်သုံ့ပန်း	si' thoun. ban:
fliehen (vi)	လွတ်မြောက်သည်	lu' mjau' te
verraten (vt)	သစ္စာဖောက်သည်	thi' sabau' te
Verräter (m)	သစ္စာဖောက်သူ	thi' sabau' thu
Verrat (m)	သစ္စာဖောက်မှု	thi' sabau' hmu.
erschießen (vt)	ပစ်သတ်ကွပ်မျက်ခံရသည်	pi' tha' ku' mje' khan ja. de
Erschießung (f)	ပစ်သတ်ကွပ်မျက်ခြင်း	pi' tha' ku' mje' chin:
Ausrüstung (persönliche ~)	ပစ္စည်းကိရိယာများ	pji' si: gi. ji. ja mja:
Schulterstück (n)	ပခုံးသားတန်း	pakhoun: ba: dan:
Gasmaske (f)	ဓာတ်ငွေ့ကာမျက်နှာဖုံး	da' ngwei. ga mje' na boun:
Funkgerät (n)	ရေဒီယိုစက်ကွင်း	rei di jou ze' kwin:
Chiffre (f)	လျှို့ဝှက် ကုဒ်သင်္ကေတ	shou. hwe' kou' dha

Geheimhaltung (f)	လျှို့ဝှက်ခြင်း	shou hwe' chin:
Kennwort (n)	စကားဝှက်	zaga: hwe'

Mine (f)	မြေမြှုပ်မိုင်း	mjei hmja' main:
Minen legen	မိုင်းထောင်သည်	main: daun de
Minenfeld (n)	မိုင်းမြေ	main: mjei

Luftalarm (m)	လေကြောင်းအန္တရာယ်သ တိပေးချက်သံ	lei kjan: an da. ja dha. di. bei: nja. o. dhan
Alarm (m)	သတိပေးခေါင်းလောင်းသံ	dhadi. pei: gaun: laun: dhan
Signal (n)	အချက်ပြ	ache' pja.
Signalrakete (f)	အချက်ပြမီးကျည်	ache' pja. mi: gji

Hauptquartier (n)	ဌာနချုပ်	hta. na. gjou'
Aufklärung (f)	ထောက်လှမ်းခြင်း	htau' hlan: gjin:
Lage (f)	အခြေအနေ	achei anei
Bericht (m)	အစီရင်ခံစာ	asi jin gan za
Hinterhalt (m)	ချုံခိုတိုက်ခိုက်ခြင်း	choun gou dai' khai' chin:
Verstärkung (f)	စစ်ကူ	si' ku

Zielscheibe (f)	ပစ်မှတ်	pi' hma'
Schießplatz (m)	လေ့ကျင့်ရေးကွင်း	lei. kjin. jei: gwin:
Manöver (n)	စစ်ရေးလေ့ကျင့်မှု	si' jei: lei. gjin. hmu.

Panik (f)	ထိတ်ထိတ်ပြာပြာဖြစ်ခြင်း	htei' htei' pja bja bji' chin:
Verwüstung (f)	ကြီးစွာသောအပျက်အစီး	kji: zwa dho apje' asi:

Trümmer (pl)	အပျက်အစီး	apje' asi:
zerstören (vt)	ဖျက်ဆီးသည်	hpje' hsi: de

überleben (vi)	အသက်ရှင်ကျန်ရစ်သည်	athe' shin kjin ja' te
entwaffnen (vt)	လက်နက်သိမ်းသည်	le' ne' thain de
handhaben (vt)	ကိုင်တွယ်သည်	kain dwe de

Stillgestanden!	သတိ	thadi.
Rühren!	သက်သာ	the' tha

Heldentat (f)	ဝွန်စားမှု	sun. za: hmu.
Eid (m), Schwur (m)	ကျမ်းသစ္စာ	kjan: thi' sa
schwören (vi, vt)	ကျမ်းသစ္စာဆိုသည်	kjan: thi' sa hsou de

Lohn (Orden, Medaille)	တန်ဆာဆင်မှု	tan za zin hmu.
auszeichnen (mit Orden)	ဆုတံဆိပ်ချီးမြှင့်သည်	hsu. dazei' chi: hmjin. de

Medaille (f)	ဆုတံဆိပ်	hsu. dazei'
Orden (m)	ဘွဲ့တံဆိပ်	bwe. dan zi'

Sieg (m)	အောင်ပွဲ	aun bwe:
Niederlage (f)	အရှုံး	ashoun:
Waffenstillstand (m)	စစ်ရပ်ဆိုင်းသောတူညီမှု	si' ja' hsain: dhabo: du nji hmu.

Fahne (f)	စံ	san
Ruhm (m)	ထင်ပေါ်ကျော်ကြားမှု	htin bo gjo gja: hmu.
Parade (f)	စစ်ရေးပြ	si' jei: bja.
marschieren (vi)	စစ်ရေးပြသည်	si' jei: bja. de

114. Waffen

Waffe (f)	လက်နက်	le' ne'
Schusswaffe (f)	မီးပွင့်သေနတ်	mi: bwin. dhei na'
blanke Waffe (f)	ဓါးအမျိုးမျိုး	da: mjou: mjou:
chemischen Waffen (pl)	ဓာတုလက်နက်	da tu. le' ne'
Kern-, Atom-	နျူကလီးယား	nju ka. li: ja:
Kernwaffe (f)	နျူကလီးယားလက်နက်	nju ka. li: ja: le' ne'
Bombe (f)	ဗုံး	boun:
Atombombe (f)	အက်တမ်ဗုံး	e' tan boun:
Pistole (f)	ပစ္စတို	pji' sa. tou
Gewehr (n)	ရိုင်ဖယ်	jain be
Maschinenpistole (f)	မောင်းပြန်သေနတ်	maun: bjan dhei na'
Maschinengewehr (n)	စက်သေနတ်	se' thei na'
Mündung (f)	ပြောင်းဝ	pjaun: wa.
Lauf (Gewehr-)	ပြောင်း	pjaun:
Kaliber (n)	သေနတ်ပြောင်းအချင်း	thei na' pjan: achin:
Abzug (m)	လၿ	khalou'
Visier (n)	ရှိန်ရွက်	chein kwe'
Magazin (n)	ကျည်ကပ်	kji ke'
Kolben (m)	သေနတ်ဒင်	thei na' din
Handgranate (f)	လက်ပစ်ဗုံး	le' pi' boun:
Sprengstoff (m)	ပေါက်ကွဲစေသောပစ္စည်း	pau' kwe: zei de. bji' si:
Kugel (f)	ကျည်ဆံ	kji. zan
Patrone (f)	ကျည်ဆံ	kji. zan
Ladung (f)	ကျည်ထိုးခြင်း	kji dou: gjin:
Munition (f)	ခဲယမ်းမီးကျောက်	khe: jan: mi: kjau'
Bomber (m)	ဗုံးကြဲလေယာဉ်	boun: gje: lei jin
Kampfflugzeug (n)	တိုက်လေယာဉ်	tai' lei jan
Hubschrauber (m)	ရဟတ်ယာဉ်	jaha' jan
Flugabwehrkanone (f)	လေယာဉ်ပစ်စက်သေနတ်	lei jan pi' ze' dhei na'
Panzer (m)	တင့်ကား	tin. ga:
Panzerkanone (f)	တင့်အမြောက်	tin. amjau'
Artillerie (f)	အမြောက်	amjau'
Kanone (f)	ရှေးဝေတ်အမြောက်	shei: gi' amjau'
richten (die Waffe)	ရှိန်ရွယ်သည်	chein jwe de
Geschoß (n)	အမြောက်ဆံ	amjau' hsan
Wurfgranate (f)	စိန်ပြောင်းကျည်	sein bjaun: gji
Granatwerfer (m)	စိန်ပြောင်း	sein bjaun:
Splitter (m)	ဗုံးဝ	boun: za
U-Boot (n)	ရေအောက်နှင့်ဆိုင်သော	jei au' hnin. zain de.
Torpedo (m)	တော်ပီဒို	to pi dou
Rakete (f)	ဒုံး	doun:

laden (Gewehr)	ကျည်ထိုးသည်	kji dou: de
schießen (vi)	သေနတ်ပစ်သည်	thei na' pi' te
zielen auf ...	ချိန်သည်	chein de
Bajonett (n)	လှံစွပ်	hlan zu'

Degen (m)	ဓားပြာယာဓားရှည်	ra pi ja da: shei
Säbel (m)	စစ်သုံးဓားရှည်	si' thoun: da shi
Speer (m)	လှံ	hlan
Bogen (m)	လေး	lei:
Pfeil (m)	မြား	mja:
Muskete (f)	ပြောင်းရှေ့သေနတ်	pjaun: gjo: dhei na'
Armbrust (f)	ဒူးလေး	du: lei:

115. Menschen der Antike

vorzeitlich	ရှေးဦးကာလ	shei: u: ga la.
prähistorisch	သမိုင်းမတိုင်မီကာလ	thamain: ma. dain mi ga la.
alt (antik)	ရှေးကျသော	shei: gja. de

Steinzeit (f)	ကျောက်ခေတ်	kjau' khi'
Bronzezeit (f)	ကြေးခေတ်	kjei: gei'
Eiszeit (f)	ရေခဲခေတ်	jei ge: gei'

Stamm (m)	မျိုးနွယ်စု	mjou: nwe zu.
Kannibale (m)	လူသားစားလူရိုင်း	lu dha: za: lu jain:
Jäger (m)	မုဆိုး	mou' hsou:
jagen (vi)	အမဲလိုက်သည်	ame: lai' de
Mammut (n)	အမွေးရှည်ဆင်ကြီးတစ်မျိုး	ahmwei shei zin kji: ti' mjou:

Höhle (f)	ဂူ	gu
Feuer (n)	မီး	mi:
Lagerfeuer (n)	မီးပုံ	mi: boun
Höhlenmalerei (f)	နံရံဆေးရေးပန်းချီ	nan jan zei: jei: ban: gji

Werkzeug (n)	ကိရိယာ	ki. ji. ja
Speer (m)	လှံ	hlan
Steinbeil (n), Steinaxt (f)	ကျောက်ပုဆိန်	kjau' pu. hsain
Krieg führen	စစ်ပွဲတွင်ပါဝင်ဆင်နွှဲသည်	si' pwe: dwin ba win zin hnwe: de
domestizieren (vt)	ယဉ်ပါးစေသည်	jin ba: zei de

Idol (n)	ရုပ်တု	jou' tu
anbeten (vt)	ကိုးကွယ်သည်	kou: kwe de
Aberglaube (m)	အယူသီးခြင်း	aju dhi: gjin:
Brauch (m), Ritus (m)	ရိုးရာထုံးတမ်းဓလေ့	jou: ja doun: dan: da lei.

Evolution (f)	ဆင့်ကဲဖြစ်စဉ်	hsin. ke: hpja' sin
Entwicklung (f)	ဖွံ့ဖြိုးတိုးတက်မှု	hpjun. bjou: dou: de' hmu.
Verschwinden (n)	ပျောက်ကွယ်ခြင်း	pjau' kwe gjin
sich anpassen	နေသားကျရန်ပြင်ဆင်သည်	nei dha: gja. jan bjin zin de

Archäologie (f)	ရှေးဟောင်းသုတေသန	shei: haun
Archäologe (m)	ရှေးဟောင်းသုတေသန ပညာရှင်	shei: haun thu. dei dha. na. bji nja shin

archäologisch	ရေးဟောင်းသုတေသ	shei: haun thu. dei dha.
	နည်ပင်ရာ	na. zain ja
Ausgrabungsstätte (f)	တူးဖော်ရာနေရာ	tu: hpo ja nei ja
Ausgrabungen (pl)	တူးဖော်မှုလုပ်ငန်း	tu: hpo hmu. lou' ngan:
Fund (m)	တွေ့ရှိရက်	twei. shi. gje'
Fragment (n)	အပိုင်းအစ	apain: asa.

116. Mittelalter

Volk (n)	လူမျိုး	lu mjou:
Völker (pl)	လူမျိုး	lu mjou:
Stamm (m)	မျိုးနွယ်စု	mjou: nwe zu.
Stämme (pl)	မျိုးနွယ်စုများ	mjou: nwe zu. mja:

Barbaren (pl)	အရိုင်းအစိုင်းများ	ajou: asain: mja:
Gallier (pl)	ဂေါလ်လူမျိုးများ	go l lu mjou: mja:
Goten (pl)	ဂေါတ်လူမျိုးများ	go. t lu mjou: mja:
Slawen (pl)	စလာဗ်လူမျိုးများ	sala' lu mjou: mja:
Wikinger (pl)	ဗိုက်ကင်းလူမျိုး	bai' kin: lu mjou:

| Römer (pl) | ရောမလူမျိုး | ro: ma. lu mjou: |
| römisch | ရောမနှင့်ဆိုင်သော | ro: ma. hnin. zain de |

Byzantiner (pl)	ဘိုင်ဇင်တိုင်လူမျိုးများ	bain zin dain lu mjou: mja:
Byzanz (n)	ဘိုင်ဇင်တိုင်အင်ပါယာ	bain zin dain in ba ja
byzantinisch	ဘိုင်ဇင်တိုင်နှင့်ဆိုင်သော	bain zin dain hnin. zain de.

Kaiser (m)	ဧကရာဇ်	ei gaja'
Häuptling (m)	ခေါင်းဆောင်	gaun: zaun
mächtig (Kaiser usw.)	အင်အားကြီးသော	in a: kji: de.
König (m)	ဘုရင်	ba. jin
Herrscher (Monarch)	အုပ်ချုပ်သူ	ou' chou' thu

Ritter (m)	ဆာဘွဲ့ရသူရဲကောင်း	hsa bwe. ja. dhu je gaun:
Feudalherr (m)	မြေရှင်ပဒေသရာဇ်	mjei shin badei dhaja'
feudal, Feudal-	မြေရှင်ပဒေသရာဇ်	mjei shin badei dhaja'
	စနစ်နှင့်ဆိုင်သော	sani' hnin. zain de.
Vasall (m)	မြေကျွန်	mjei gjun

Herzog (m)	မြို့စားကြီး	mjou. za: gji:
Graf (m)	ဗြိတိသျှမှူး	bri ti sha hmu:
	မတ်သူရဲကောင်း	ma' thu je: gaun:
Baron (m)	ဘယ်ရွန် အမတ်	be jwan ama'
Bischof (m)	ဘုန်းတော်ကြီး	hpoun do: gji:

Rüstung (f)	ချပ်ဝတ်တန်ဆာ	cha' wu' tan za
Schild (m)	ဒိုင်း	dain:
Schwert (n)	ဓား	da:
Visier (n)	စစ်မျက်နှာကာ	si' mje' na ga
Panzerhemd (n)	သံဇကာချပ်ဝတ်တန်ဆာ	than za. ga gja' wu' tan za

Kreuzzug (m)	ရှေးဆိုင်ဘာသာရေးစစ်ပွဲ	kha ju: zei' ba dha jei: zi' pwe:
Kreuzritter (m)	ရှေးဆိုင်တိုက်ပွဲဝင်သူ	kha ju: zei' dai' bwe: win dhu
Territorium (n)	နယ်မြေ	ne mjei

einfallen (vt)	တိုက်ခိုက်သည်	tai' khai' te
erobern (vt)	သိမ်းပိုက်စိုးမိုးသည်	thain: bou' sou: mou: de
besetzen (Land usw.)	သိမ်းပိုက်သည်	thain:
Belagerung (f)	ဝန်းရံလုပ်ကြံခြင်း	wun: jan lou' chan gjin:
belagert	ဝန်းရံလုပ်ကြံခံရသော	wun: jan lou' chan gan ja. de.
belagern (vt)	ဝန်းရံလုပ်ကြံသည်	wun: jan lou' chan de
Inquisition (f)	ကာသိုလိပ်ဘုရားကျောင်း တရားစီရင်အဖွဲ့	ka tho li' bou ja: gjan: ta. ja: zi jin ahpwe.
Inquisitor (m)	စစ်ကြောမေးမြန်းသူ	si' kjo: mei: mjan: dhu
Folter (f)	ညှဉ်းပန်းနှိပ်စက်ခြင်း	hnjin: ban: hnei' se' chin:
grausam (-e Folter)	ရက်စက်ကြမ်းကြုတ်သော	je' se' kjan: gjou' te.
Häretiker (m)	ဒိဋ္ဌိ	di hti
Häresie (f)	မိစ္ဆာဒိဋ္ဌိ	mei' hsa dei' hti.
Seefahrt (f)	ပင်လယ်ပျော်	pin le bjo
Seeräuber (m)	ပင်လယ်ဓားပြ	pin le da: bja.
Seeräuberei (f)	ပင်လယ်ဓားပြတိုက်ခြင်း	pin le da: bja. tai' chin:
Enterung (f)	လှေကုန်းပတ်ပေါ် တိုက်ခိုက်ခြင်း	hlei goun: ba' po dou' hpou' chin:
Beute (f)	တိုက်ခိုက်ရရှိသောပစ္စည်း	tai' khai' ja. shi. dho: pji' si:
Schätze (pl)	ရတနာ	jadana
Entdeckung (f)	စူးစမ်းရှာဖွေခြင်း	su: zan: sha bwei gjin
entdecken (vt)	စူးစမ်းရှာဖွေသည်	su: zan: sha bwei de
Expedition (f)	စူးစမ်းလေ့လာရေးခရီး	su: zan: lei. la nei: khaji:
Musketier (m)	ပြောင်းချောသေနတ် ကိုင်စစ်သား	pjaun: gjo: dhei na' kain si' tha:
Kardinal (m)	ရေဖျန်းခရစ်ယာန် ဘုန်းတော်ကြီး	jei bjan: khaji' jan boun: do gji:
Heraldik (f)	မျိုးရိုးဘွဲ့တံဆိပ် များလေ့လာခြင်းပညာ	mjou: jou: bwe. dan zai' mja: lei. la gjin: pi nja
heraldisch	မျိုးရိုးပညာလေ့လာခြင်း နှင့်ဆိုင်သော	mjou: pi nja lei. la gjin: hnin. zain de.

117. Führungspersonen. Chef. Behörden

König (m)	ဘုရင်	ba jin
Königin (f)	ဘုရင်မ	ba jin ma.
königlich	ဘုရင်နှင့်ဆိုင်သော	ba. jin hnin. zain de
Königreich (n)	ဘုရင်အုပ်ချုပ်သောနိုင်ငံ	ba jin au' chou' dho nin gan
Prinz (m)	အိမ်ရှေ့မင်းသား	ein shei. min: dha:
Prinzessin (f)	မင်းသမီး	min: dhami:
Präsident (m)	သမ္မတ	thamada.
Vizepräsident (m)	ဒုသမ္မတ	du. dhamada.
Senator (m)	ဆီနိတ်လွှတ်တော်အမတ်	hsi nei' hlwa' do: ama'
Monarch (m)	သက်ဦးဆံပိုင်	the'
Herrscher (m)	အုပ်ချုပ်သူ	ou' chou' thu
Diktator (m)	အာဏာရှင်	a na shin

| Tyrann (m) | ဖိနှိပ်ချုပ်ချယ်သူ | hpana' chou' che dhu |
| Magnat (m) | လုပ်ငန်းရှင်သူဌေးကြီး | lou' ngan: shin dhu dei: gji: |

Direktor (m)	ညွှန်ကြားရေးမှူး	hnjun gja: jei: hmu:
Chef (m)	အကြီးအကဲ	akji: ake:
Leiter (einer Abteilung)	မန်နေဂျာ	man nei gji
Boss (m)	အကြီးအကဲ	akji: ake:
Eigentümer (m)	ပိုင်ရှင်	pain shin

Führer (m)	ခေါင်းဆောင်	gaun: zaun
Leiter (Delegations-)	အဖွဲ့ခေါင်းဆောင်	ahpwe. gaun: zaun:
Behörden (pl)	အာဏာပိုင်အဖွဲ့	a na bain ahpwe.
Vorgesetzten (pl)	အထက်လူကြီးများ	a hte' lu gji: mja:

Gouverneur (m)	ပြည်နယ်အုပ်ချုပ်ရေးမှူး	pji ne ou' chou' jei: hmu:
Konsul (m)	ကောင်စစ်ဝန်	kaun si' wun
Diplomat (m)	သံတမန်	than taman.
Bürgermeister (m)	မြို့တော်ဝန်	mjou. do wun
Sheriff (m)	နယ်မြေတာဝန်ခံ ရဲအရာရှိ	ne mjei da wun gan je: aja shi.

Kaiser (m)	ဧကရာဇ်	ei gaja'
Zar (m)	ဇာဘုရင်	za bou jin
Pharao (m)	ရှေးအီဂျစ်နိုင်ငံဘုရင်	shei: i gji' nain ngan bu. jin
Khan (m)	ခန်	khan

118. Gesetzesverstoß Verbrecher. Teil 1

Bandit (m)	ဓားပြ	damja.
Verbrechen (n)	ရာဇဝတ်မှု	raza. wu' hma.
Verbrecher (m)	ရာဇဝတ်သား	raza. wu' tha:

Dieb (m)	သူခိုး	thu khou:
stehlen (vt)	ခိုးသည်	khou: de
Diebstahl (m), Stehlen (n)	ခိုးမှု	khou: hmu
Diebstahl (Aktivität)	ခိုးခြင်း	khou: chin:
Stehlen (n)	သူခိုး	thu khou:

kidnappen (vt)	ပြန်ပေးဆွဲသည်	pjan bei: zwe: de
Kidnapping (n)	ပြန်ပေးဆွဲခြင်း	pjan bei: zwe: gjin:
Kidnapper (m)	ပြန်ပေးသမား	pjan bei: dhama:

| Lösegeld (n) | ပြန်ရွေးငွေ | pjan jwei: ngwei |
| Lösegeld verlangen | ပြန်ပေးဆွဲသည် | pjan bei: zwe: de |

rauben (vt)	ဓားပြတိုက်သည်	damja. tai' te
Raub (m)	လုယက်မှု	lu. je' hmu.
Räuber (m)	လုယက်သူ	lu. je' dhu

erpressen (vt)	ခြိမ်းခြောက်ပြီးငွေညှစ်သည်	chein: gjau' pji: ngwe hnji' te
Erpresser (m)	ခြိမ်းခြောက်ငွေညှစ်သူ	chein: gjau' ngwe hnji' thu
Erpressung (f)	ခြိမ်းခြောက်ပြီး ငွေညှစ်ခြင်း	chein: gjau' pji: ngwe hnji' chin:
morden (vt)	သတ်သည်	tha' te

114

Mord (m)	လူသတ်မှု	lu dha' hmu.
Mörder (m)	လူသတ်သမား	lu dha' thama:

Schuss (m)	ပစ်ချက်	pi' che'
schießen (vt)	ပစ်သည်	pi' te
erschießen (vt)	ပစ်တာ်သည်	pi' tha' te
feuern (vi)	ပစ်သည်	pi' te
Schießerei (f)	ပစ်ချက်	pi' che'

Vorfall (m)	ဆူပူမှု	hsu. bu hmu.
Schlägerei (f)	ရန်ပွဲ	jan bwe:
Hilfe!	ကူညီပါ	ku nji ba
Opfer (n)	ရန်ပြုခံရသူ	jab bju. gan ja. dhu

beschädigen (vt)	ပျက်စီးသည်	hpje' hsi: de
Schaden (m)	အပျက်အစီး	apje' asi:
Leiche (f)	အလောင်း	alaun:
schwer (-es Verbrechen)	ပိုးရှိဖွယ်ဖြစ်သော	sou: jein bwe bji' te.

angreifen (vt)	တိုက်ခိုက်သည်	tai' khai' te
schlagen (vt)	ရိုက်သည်	jai' te
verprügeln (vt)	ရိုက်သည်	jai' te
wegnehmen (vt)	ယူသည်	ju de
erstechen (vt)	ထိုးသတ်သည်	htou: dha' te
verstümmeln (vt)	သေရာပါဒဏ်ရာရစေသည်	thei ja ba dan ja ja. zei de
verwunden (vt)	ဒဏ်ရာရသည်	dan ja ja. de

Erpressung (f)	ခြိမ်းခြောက်ငွေညှစ်ခြင်း	chein: gjau' ngwe hnji' chin:
erpressen (vt)	ခြိမ်းခြောက်ငွေညှစ်သည်	chein: gjau' ngwe hnji' te
Erpresser (m)	ခြိမ်းခြောက်ငွေညှစ်သူ	chein: gjau' ngwe hnji' thu

Schutzgelderpressung (f)	ရဲဝတ်ဝိုက်းဆွက်ကြေးကောက်ခြင်း	raza. wu' goun: hse' kjei: gau' chin:
Erpresser (Racketeer)	ထောက်ကြက်းတောင်း-ရာ ဇဝတ်ဝိုက်း	hse' kjei: daun: ra za. wu' gain:
Gangster (m)	လူဆိုးဝိုက်းဝင်	lu zou: gain: win
Mafia (f)	မာဖိယားဝိုက်း	ma bi: ja: gain:

Taschendieb (m)	ခါးပိုက်နှိုက်	kha: bai' hnai'
Einbrecher (m)	ဖောက်ထွင်းသူခိုး	hpau' htwin: dhu gou:
Schmuggel (m)	မှောင်ခို	hmaun gou
Schmuggler (m)	မှောင်ခိုသမား	hmaun gou dhama:

Fälschung (f)	လိမ်လည်အတုပြုမှု	lein le atu. bju hmu.
fälschen (vt)	အတုလုပ်သည်	atu. lou' te
gefälscht	အတု	atu.

119. Gesetzesbruch. Verbrecher. Teil 2

Vergewaltigung (f)	မုဒိမ်းမှု	mu. dein: hmu.
vergewaltigen (vt)	မုဒိမ်းကျင့်သည်	mu. dein: gjin. de
Gewalttäter (m)	မုဒိမ်းကျင့်သူ	mu. dein: gjin. dhu
Besessene (m)	အရူး	aju:
Prostituierte (f)	ပြည့်တန်ဆာ	pjei. dan za

Prostitution (f)	ပြည့်တန်ဆာမှု	pjei. dan za hmu.
Zuhälter (m)	စာခေါင်း	hpa gaun:
Drogenabhängiger (m)	ဆေးစွဲသူ	hsei: zwe: dhu
Drogenhändler (m)	မူးယစ်ဆေးရောင်းဝယ်သူ	mu: ji' hsei: jaun we dhu
sprengen (vt)	ပေါက်ကွဲသည်	pau' kwe: de
Explosion (f)	ပေါက်ကွဲမှု	pau' kwe: hmu.
in Brand stecken	မီးရှို့သည်	mi: shou. de
Brandstifter (m)	မီးရှို့မှုကျူးလွန်သူ	mi: shou. hmu. gju: lun dhu
Terrorismus (m)	အကြမ်းဖက်ဝါဒ	akjan: be' wa da.
Terrorist (m)	အကြမ်းဖက်သမား	akjan: be' tha. ma:
Geisel (m, f)	ဓားစာခံ	daza gan
betrügen (vt)	လိမ်လည်သည်	lein le de
Betrug (m)	လိမ်လည်မှု	lein le hmu.
Betrüger (m)	လူလိမ်	lu lein
bestechen (vt)	လာဘ်ထိုးသည်	la' htou: de
Bestechlichkeit (f)	လာဘ်ပေးလာဘ်ယူ	la' pei: la' thu
Bestechungsgeld (n)	လာဘ်	la'
Gift (n)	အဆိပ်	ahsei'
vergiften (vt)	အဆိပ်ခတ်သည်	ahsei' kha' te
sich vergiften	အဆိပ်သောက်သည်	ahsei' dhau' te
Selbstmord (m)	မိမိကိုယ်မိမိ သတ်သေခြင်း	mi. mi. kou mi. mi. dha' thei gjin:
Selbstmörder (m)	မိမိကိုယ်မိမိ သတ်သေသူ	mi. mi. kou mi. mi. dha' thei dhu
drohen (vi)	ခြိမ်းခြောက်သည်	chein: gjau' te
Drohung (f)	ခြိမ်းခြောက်မှု	chein: gjau' hmu.
versuchen (vt)	လုပ်ကြံသည်	lou' kjan de
Attentat (n)	လုပ်ကြံခြင်း	lou' kjan gjin:
stehlen (Auto ~)	ခိုးသည်	khou: de
entführen (Flugzeug ~)	လေယာဉ်အပိုင်စီးသည်	lei jan apain zi: de
Rache (f)	လက်စားရေးခြင်း	le' sa: gjei gjin:
sich rächen	လက်စားရေးသည်	le' sa: gjei de
foltern (vt)	ညှဉ်းပန်းနှိပ်စက်သည်	hnjin: ban: hnei' se' te
Folter (f)	ညှဉ်းပန်းနှိပ်စက်ခြင်း	hnjin: ban: hnei' se' chin:
quälen (vt)	နှိပ်စက်သည်	hnei' se' te
Seeräuber (m)	ပင်လယ်ဓားပြ	pin le da: bja.
Rowdy (m)	လမ်းသရဲ	lan: dhaje:
bewaffnet	လက်နက်ကိုင်ဆောင်သော	le' ne' kain zaun de.
Gewalt (f)	ရက်စက်ကြမ်းကြုတ်မှု	je' se' kjan: gjou' hmu.
ungesetzlich	တရားမဝင်သော	taja: ma. win de.
Spionage (f)	သူလျှိုလုပ်ခြင်း	thu shou lou' chin:
spionieren (vi)	သူလျှိုလုပ်သည်	thu shou lou' te

120. Polizei Recht. Teil 1

Justiz (f)	တရားမျှတမှု	taja: hmja. ta. hmu.
Gericht (n)	တရားရုံး	taja: joun:
Richter (m)	တရားသူကြီး	taja: dhu gji:
Geschworenen (pl)	ဂျူရီအဖွဲ့ဝင်များ	gju ji ahpwe. win mja:
Geschworenengericht (n)	ဂျူရီလူကြီးအဖွဲ့	gju ji lu gji: ahpwe.
richten (vt)	တရားစီရင်သည်	taja: zi jin de
Rechtsanwalt (m)	ရှေ့နေ	shei. nei
Angeklagte (m)	တရားပြိုင်	taja: bjain
Anklagebank (f)	တရားရုံးဝက်ဖြို	taja: joun: we' khjan
Anklage (f)	စွပ်စွဲခြင်း	su' swe: chin:
Beschuldigte (m)	တရားစွဲခံရသော	taja: zwe: gan ja. de.
Urteil (n)	စီရင်ချက်	si jin gje'
verurteilen (vt)	စီရင်ချက်ချသည်	si jin gje' cha. de
Schuldige (m)	တရားခံ	tajakhan
bestrafen (vt)	ပြစ်ဒဏ်ပေးသည်	pji' dan bei: de
Strafe (f)	ပြစ်ဒဏ်	pji' dan
Geldstrafe (f)	ဒဏ်ငွေ	dan ngwei
lebenslange Haft (f)	တစ်သက်တစ်ကျွန်းပြစ်ဒဏ်	ti' te' ti' kjun: bji' dan
Todesstrafe (f)	သေဒဏ်	thei dan
elektrischer Stuhl (m)	လျှပ်စစ်ထိုင်ခုံ	hlja' si' dain boun
Galgen (m)	ကြိုးစင်	kjou: zin
hinrichten (vt)	ကွပ်မျက်သည်	ku' mje' te
Hinrichtung (f)	ကွပ်မျက်ခြင်း	ku' mje' gjin
Gefängnis (n)	ထောင်	htaun
Zelle (f)	အကျဉ်းခန်း	achou' khan:
Eskorte (f)	အစောင့်အကြပ်	asaun. akja'
Gefängniswärter (m)	ထောင်စောင့်	htaun zaun.
Gefangene (m)	ထောင်သား	htaun dha:
Handschellen (pl)	လက်ထိပ်	le' htei'
Handschellen anlegen	လက်ထိပ်ခတ်သည်	le' htei' kha' te
Ausbruch (Flucht)	ထောင်ဖောက်ပြေးခြင်း	htaun bau' pjei: gjin:
ausbrechen (vi)	ထောင်ဖောက်ပြေးသည်	htaun bau' pjei: de
verschwinden (vi)	ပျောက်ကွယ်သည်	pjau' kwe de
aus … entlassen	ထောင်မှလွတ်သည်	htaun hma. lu' te
Amnestie (f)	လွတ်ပြိမ်းချမ်းသာခွင့်	lu' njein: gjan: dha gwin.
Polizei (f)	ရဲ	je:
Polizist (m)	ရဲအရာရှိ	je: aja shi.
Polizeiwache (f)	ရဲစခန်း	je: za. gan:
Gummiknüppel (m)	သံတုတ်	than dou'
Sprachrohr (n)	လက်ကိုင်စပီကာ	le' kain za. bi ka
Streifenwagen (m)	ကင်းလှည့်ကား	kin: hle. ka:

Sirene (f)	အချက်ပေးဥဩသံ	ache' pei: ou' o: dhan
die Sirene einschalten	အချက်ပေးဥဩဆွဲသည်	ache' pei: ou' o: zwe: de
Sirenengeheul (n)	အချက်ပေးဥဩဆွဲသံ	ache' pei: ou' o: zwe: dhan

Tatort (m)	အခင်းဖြစ်ပွါးရာနေရာ	achin: hpji' pwa: ja nei ja
Zeuge (m)	သက်သေ	the' thei
Freiheit (f)	လွတ်လပ်မှု	lu' la' hmu.
Komplize (m)	ကြံရာပါ	kjan ja ba
verschwinden (vi)	ပုန်းသည်	poun: de
Spur (f)	ခြေရာ	chei ja

121. Polizei. Recht. Teil 2

Fahndung (f)	ဝရမ်းရှာဖွေခြင်း	wajan: sha bwei gjin:
suchen (vt)	ရှာသည်	sha de
Verdacht (m)	မသင်္ကာမှု	ma. dhin ga hmu.
verdächtig (Adj)	သံသယဖြစ်ဖွယ် ကောင်းသော	than thaja. bji' hpwe gaun: de.
anhalten (Polizei)	ရပ်သည်	ja' te
verhaften (vt)	ထိန်းသိမ်းထားသည်	htein: dhein: da: de

Fall (m), Klage (f)	အမှု	ahmu.
Untersuchung (f)	စုံစမ်းစစ်ဆေးခြင်း	soun zan: zi' hsei: gjin:
Detektiv (m)	စုံထောက်	soun dau'
Ermittlungsrichter (m)	အလွတ်စုံထောက်	alu' zoun htau'
Version (f)	အဆိုကြမ်း	ahsou gjan:

Motiv (n)	စေ့ဆော်မှု	sei. zo hmu.
Verhör (n)	စစ်ကြောမှု	si' kjo: hmu.
verhören (vt)	စစ်ကြောသည်	si' kjo: de
vernehmen (vt)	မေးမြန်းသည်	mei: mjan: de
Kontrolle (Personen-)	စစ်ဆေးသည်	si' hsei: de

Razzia (f)	ဝိုင်းဝန်းမှု	wain: wan: hmu.
Durchsuchung (f)	ရှာဖွေခြင်း	sha hpwei gjin:
Verfolgung (f)	လိုက်လံဖမ်းဆီးခြင်း	lai' lan ban: zi: gjin:
nachjagen (vi)	လိုက်သည်	lai' de
verfolgen (vt)	ခြေရာခံသည်	chei ja gan de

Verhaftung (f)	ဖမ်းဆီးခြင်း	hpan: zi: gjin:
verhaften (vt)	ဖမ်းဆီးသည်	hpan: zi: de
fangen (vt)	ဖမ်းမိသည်	hpan: mi. de
Festnahme (f)	သိမ်းခြင်း	thain: gjin:

Dokument (n)	စာရွက်စာတမ်း	sajwe' zatan:
Beweis (m)	သက်သေပြချက်	the' thei pja. gje'
beweisen (vt)	သက်သေပြသည်	the' thei pja. de
Fußspur (f)	ခြေရာ	chei ja
Fingerabdrücke (pl)	လက်ဗွေရာများ	lei' bwei ja mja:
Beweisstück (n)	သဲလွန်စ	the: lun za.

Alibi (n)	ဆင်ခြေ	hsin gjei
unschuldig	အပြစ်ကင်းသော	apja' kin: de.
Ungerechtigkeit (f)	မတရားမှု	ma. daja: hmu.

ungerecht	မတရားသော	ma. daja: de.
Kriminal-	ပြစ်မှုကျူးလွန်သော	pju. hmu. gju: lun de.
beschlagnahmen (vt)	သိမ်းယူသည်	thein: ju de
Droge (f)	မူးယစ်ဆေးဝါး	mu: ji' hsei: wa:
Waffe (f)	လက်နက်	le' ne'
entwaffnen (vt)	လက်နက်သိမ်းသည်	le' ne' thain de
befehlen (vt)	အမိန့်ပေးသည်	amin. bei: de
verschwinden (vi)	ပျောက်ကွယ်သည်	pjau' kwe de

Gesetz (n)	ဥပဒေ	u. ba. dei
gesetzlich	ဥပဒေနှင့် ညီညွတ်သော	u. ba. dei hnin. nji nju' te.
ungesetzlich	ဥပဒေနှင့်မညီညွတ်သော	u. ba. dei hnin. ma. nji nju' te.

| Verantwortlichkeit (f) | တာဝန်ယူခြင်း | ta wun ju gjin: |
| verantwortlich | တာဝန်ရှိသော | ta wun shi. de. |

NATUR

Die Erde. Teil 1

122. Weltall

Kosmos (m)	အာကာသ	akatha.
kosmisch, Raum-	အာကာသနှင့်ဆိုင်သော	akatha. hnin zain dho:
Weltraum (m)	အာကာသဟင်းလင်းပြင်	akatha. hin: lin: bjin
All (n)	ကမ္ဘာ	ga ba
Universum (n)	စကြဝဠာ	sa kja wa. la
Galaxie (f)	ကြယ်စုတန်း	kje zu. dan:
Stern (m)	ကြယ်	kje
Gestirn (n)	ကြယ်နက္ခတ်စု	kje ne' kha' zu.
Planet (m)	ဂြိုဟ်	gjou
Satellit (m)	ဂြိုဟ်ငယ်	gjou nge
Meteorit (m)	ဥက္ကာခဲ	ou' ka ge:
Komet (m)	ကြယ်တံခွန်	kje dagun
Asteroid (m)	ဂြိုဟ်သိမ်ဂြိုဟ်မွှား	gjou dhein gjou hmwa:
Umlaufbahn (f)	ပတ်လမ်း	pa' lan:
sich drehen	လည်သည်	le de
Atmosphäre (f)	လေထု	lei du.
Sonne (f)	နေ	nei
Sonnensystem (n)	နေစကြဝဠာ	nei ze kja. wala
Sonnenfinsternis (f)	နေကြတ်ခြင်း	nei gja' chin:
Erde (f)	ကမ္ဘာလုံး	ga ba loun:
Mond (m)	လ	la.
Mars (m)	အင်္ဂါဂြိုဟ်	in ga gjou
Venus (f)	သောကြာဂြိုဟ်	thau' kja gjou'
Jupiter (m)	ကြာသပတေးဂြိုဟ်	kja dha ba. dei: gjou'
Saturn (m)	စနေဂြိုဟ်	sanei gjou'
Merkur (m)	ဗုဒ္ဓဟူးဂြိုဟ်	bou' da. gjou'
Uran (m)	ယူရေးနပ်ဂြိုဟ်	ju rei: na' gjou
Neptun (m)	နက်ပကျုန်းဂြိုဟ်	ne' pa. gjun: gjou
Pluto (m)	ပလုတိုဂြိုဟ်	pa lu tou gjou '
Milchstraße (f)	နဂါးငွေ့ကြယ်စုတန်း	na. ga: ngwe. gje zu dan:
Der Große Bär	မြောက်ပိုင်းရှိတ်ဘဲးရှိကြယ်စု	mjau' pain: gajei' be:j gje zu.
Polarstern (m)	ဓ္ရုဝ်ကြယ်	du wan gje
Marsbewohner (m)	အင်္ဂါဂြိုဟ်သား	in ga gjou dha:
Außerirdischer (m)	အခြားကမ္ဘာဂြိုဟ်သား	apja: ga ba gjou dha

außerirdisches Wesen (n)	ဂြိုဟ်သား	gjou dha:
fliegende Untertasse (f)	ပန်းကန်ပြားပျံ	bagan: bja: bjan
Raumschiff (n)	အာကာသယာဉ်	akatha. jin
Raumstation (f)	အာကာသစခန်း	akatha. za khan:
Raketenstart (m)	လွှတ်တင်ခြင်း	hlu' tin gjin:
Triebwerk (n)	အင်ဂျင်	in gjin
Düse (f)	နို့ဇယ်	no ze
Treibstoff (m)	လောင်စာ	laun za
Kabine (f)	လေယာဉ်မောင်းအခန်း	lei jan maun akhan:
Antenne (f)	အင်တန်နာတိုင်	in tan na tain
Bullauge (n)	ပြတင်း	badin:
Sonnenbatterie (f)	နေရောင်ခြည်သုံးဘတ်ထရီ	nei jaun gje dhoun: ba' hta ji
Raumanzug (m)	အာကာသဝတ်စုံ	akatha. wu' soun
Schwerelosigkeit (f)	အလေးရှိန်ကင်းမဲ့ခြင်း	alei: gjein gin: me. gjin:
Sauerstoff (m)	အောက်ဆီဂျင်	au' hsi gjin
Ankopplung (f)	အာကာသထဲချိတ်ဆက်ခြင်း	akatha. hte: chei' hse' chin:
koppeln (vi)	အာကာသထဲချိတ်ဆက်သည်	akatha. hte: chei' hse' te
Observatorium (n)	နက္ခတ်မျှော်စင်	ne' kha' ta. mjo zin
Teleskop (n)	အဝေးကြည့်မှန်ပြောင်း	awei: gji. hman bjaun:
beobachten (vt)	လေ့လာကြည့်ရှုသည်	lei. la kji. hju. de
erforschen (vt)	သုတေသနပြုသည်	thu. tei thana bjou de

123. Die Erde

Erde (f)	ကမ္ဘာမြေကြီး	ga ba mjei kji:
Erdkugel (f)	ကမ္ဘာလုံး	ga ba loun:
Planet (m)	ဂြိုဟ်	gjou
Atmosphäre (f)	လေထု	lei du.
Geographie (f)	ပထဝီဝင်	pahtawi win
Natur (f)	သဘာဝ	tha. bawa
Globus (m)	ကမ္ဘာလုံး	ga ba loun:
Landkarte (f)	မြေပုံ	mjei boun
Atlas (m)	မြေပုံစာအုပ်	mjei boun za ou'
Europa (n)	ဥရောပ	u. jo: pa
Asien (n)	အာရှ	a sha.
Afrika (n)	အာဖရိက	apha. ri. ka.
Australien (n)	သြစတြေးလျ	thja za djei: lja
Amerika (n)	အမေရိက	amei ji ka
Nordamerika (n)	မြောက်အမေရိက	mjau' amei ri. ka.
Südamerika (n)	တောင်အမေရိက	taun amei ri. ka.
Antarktis (f)	အန္တာတိတ်	anta di'
Arktis (f)	အာတိတ်	a tei'

124. Himmelsrichtungen

Norden (m)	မြောက်အရပ်	mjau' aja'
nach Norden	မြောက်ဘက်သို့	mjau' be' thou.
im Norden	မြောက်ဘက်မှာ	mjau' be' hma
nördlich	မြောက်အရပ်နှင့်ဆိုင်သော	mjau' aja' hnin. zain de.
Süden (m)	တောင်အရပ်	taun aja'
nach Süden	တောင်ဘက်သို့	taun be' thou.
im Süden	တောင်ဘက်မှာ	taun be' hma
südlich	တောင်အရပ်နှင့်ဆိုင်သော	taun aja' hnin. zain de.
Westen (m)	အနောက်အရပ်	anau' aja'
nach Westen	အနောက်ဘက်သို့	anau' be' thou.
im Westen	အနောက်ဘက်မှာ	anau' be' hma
westlich, West-	အနောက်အရပ်နှင့်ဆိုင်သော	anau' aja' hnin. zain dho:
Osten (m)	အရှေ့အရပ်	ashei. aja'
nach Osten	အရှေ့ဘက်သို့	ashei. be' hma
im Osten	အရှေ့ဘက်မှာ	ashei. be' hma
östlich	အရှေ့အရပ်နှင့်ဆိုင်သော	ashei. aja' hnin. zain de.

125. Meer. Ozean

Meer (n), See (f)	ပင်လယ်	pin le
Ozean (m)	သမုဒ္ဒရာ	thamou' daja
Golf (m)	ပင်လယ်ကွေ့	pin le gwe.
Meerenge (f)	ရေလက်ကြား	jei le' kja:
Festland (n)	ကုန်းမြေ	koun: mei
Kontinent (m)	တိုက်	tai'
Insel (f)	ကျွန်း	kjun:
Halbinsel (f)	ကျွန်းဆွယ်	kjun: zwe
Archipel (m)	ကျွန်းစု	kjun: zu.
Bucht (f)	အော်	o
Hafen (m)	သင်္ဘောဆိပ်ကမ်း	thin: bo: zei' kan:
Lagune (f)	ပင်လယ်တုံးအိုင်	pin le doun: ain
Kap (n)	အငူ	angu
Atoll (n)	သန္တာကျောက်တန်းကျွန်းငယ်	than da gjau' tan: gjun: nge
Riff (n)	ကျောက်တန်း	kjau' tan:
Koralle (f)	သန္တာကောင်	than da gaun
Korallenriff (n)	သန္တာကျောက်တန်း	than da gjau' tan:
tief (Adj)	နက်သော	ne' te.
Tiefe (f)	အနက်	ane'
Abgrund (m)	ချောက်နက်ကြီး	chau' ne' kji:
Graben (m)	မြောင်း	mjaun:
Strom (m)	စီးကြောင်း	si: gaun:
umspülen (vt)	ဝိုင်းသည်	wain: de

| Ufer (n) | ကမ်းစပ် | kan: za' |
| Küste (f) | ကမ်းခြေ | kan: gjei |

Flut (f)	ရေတက်	jei de'
Ebbe (f)	ရေကျ	jei gja.
Sandbank (f)	သောင်စွယ်	thaun zwe
Boden (m)	ကြမ်းပြင်	kan: pjin

Welle (f)	လှိုင်း	hlain:
Wellenkamm (m)	လှိုင်းခေါင်းဖျ	hlain: gaun: bju.
Schaum (m)	အမြုပ်	a hmjou'

Sturm (m)	မုန်တိုင်း	moun dain:
Orkan (m)	ဟာရီကိန်းမုန်တိုင်း	ha ji gain: moun dain:
Tsunami (m)	ဆူနာမိ	hsu na mi
Windstille (f)	ရေသေ	jei dhei
ruhig	ငြိမ်သက်အေးဆေးသော	njein dhe' ei: zei: de.

| Pol (m) | ဝင်ရိုးစွန်း | win jou: zun |
| Polar- | ဝင်ရိုးစွန်းနှင့်ဆိုင်သော | win jou: zun hnin. zain de. |

Breite (f)	လတ္တီတွဒ်	la' ti. tu'
Länge (f)	လောင်ဂျီတွဒ်	laun gji twa'
Breitenkreis (m)	လတ္တီတွဒ်မျဉ်း	la' ti. tu' mjin:
Äquator (m)	အီကွေတာ	i kwei: da

Himmel (m)	ကောင်းကင်	kaun: gin
Horizont (m)	မိုးကုပ်စက်ဝိုင်း	mou kou' se' wain:
Luft (f)	လေထု	lei du.

Leuchtturm (m)	မီးပြတိုက်	mi: bja dai'
tauchen (vi)	ရေငုပ်သည်	jei ngou' te
versinken (vi)	ရေမြုပ်သည်	jei mjou' te
Schätze (pl)	ရတနာ	jadana

126. Namen der Meere und Ozeane

Atlantischer Ozean (m)	အတ္တလန်တိတ် သမုဒ္ဒရာ	a' ta. lan ti' thamou' daja
Indischer Ozean (m)	အိန္ဒိယ သမုဒ္ဒရာ	indi. ja thamou. daja
Pazifischer Ozean (m)	ပစိဖိတ် သမုဒ္ဒရာ	pa. si. hpi' thamou' daja
Arktischer Ozean (m)	အာတိတ် သမုဒ္ဒရာ	a tei' thamou' daja

Schwarzes Meer (n)	ပင်လယ်နက်	pin le ne'
Rotes Meer (n)	ပင်လယ်နီ	pin le ni
Gelbes Meer (n)	ပင်လယ်ဝါ	pin le wa
Weißes Meer (n)	ပင်လယ်ဖြူ	pin le bju

Kaspisches Meer (n)	ကက်စပီယန် ပင်လယ်	ke' za. pi jan pin le
Totes Meer (n)	ပင်လယ်သေ	pin le dhe:
Mittelmeer (n)	မြေထဲပင်လယ်	mjei hte: bin le

Ägäisches Meer (n)	အေဂိယန်းပင်လယ်	ei gi jan: bin le
Adriatisches Meer (n)	အဒရီရာတစ်ပင်လယ်	a da yi ya ti' pin le
Arabisches Meer (n)	အာရေဗီးယန်း ပင်လယ်	a ra bi: an: bin le

Japanisches Meer (n)	ဂျပန် ပင်လယ်	gja pan pin le
Beringmeer (n)	ဘယ်ရင်း ပင်လယ်	be jin: bin le
Südchinesisches Meer (n)	တောင်တရုတ်ပင်လယ်	taun dajou' pinle

Korallenmeer (n)	ကော်ရယ်လ်ပင်လယ်	ko je l pin le
Tasmansee (f)	တက်စမန်းပင်လယ်	te' sa. man: bin le
Karibisches Meer (n)	ကာရေးဘီးယန်းပင်လယ်	ka rei: bi: jan: bin le

Barentssee (f)	ဘာရန့်စ် ပင်လယ်	ba jan's bin le
Karasee (f)	ကာရာ ပင်လယ်	kara bin le

Nordsee (f)	မြောက်ပင်လယ်	mjau' pin le
Ostsee (f)	ဘော်လ်တစ်ပင်လယ်	bo' l ti' pin le
Nordmeer (n)	နော်ဝေးရှီယန်း ပင်လယ်	no wei: bin le

127. Berge

Berg (m)	တောင်	taun
Gebirgskette (f)	တောင်တန်း	taun dan:
Bergrücken (m)	တောင်ကြော	taun gjo:

Gipfel (m)	ထိပ်	htei'
Spitze (f)	တောင်ထွတ်	taun htu'
Bergfuß (m)	တောင်ခြေ	taun gjei
Abhang (m)	တောင်စောင်း	taun zaun:

Vulkan (m)	မီးတောင်	mi: daun
tätiger Vulkan (m)	မီးတောင်ရှင်	mi: daun shin
schlafender Vulkan (m)	မီးငြိမ်းတောင်	mi: njein: daun

Ausbruch (m)	မီးတောင်ပေါက်ကွဲခြင်း	mi: daun pau' kwe: gjin:
Krater (m)	မီးတောင်ဝ	mi: daun wa.
Magma (n)	ကျောက်ရည်ပူ	kjau' ji bu
Lava (f)	ချော်ရည်	cho ji
glühend heiß (-e Lava)	အရမ်းပူသော	ajam: bu de.

Cañon (m)	တောင်ကြားရှိုဝှမ်းနက်	taun gja: gjain. hwan: ne'
Schlucht (f)	တောင်ကြား	taun gja:
Spalte (f)	အက်ကွဲကြောင်း	e' kwe: gjaun:
Abgrund (m) (steiler ~)	ရှောက်ကမ်းပါး	chau' kan: ba:

Gebirgspass (m)	တောင်ကြားလမ်း	taun gja: lan:
Plateau (n)	ကုန်းပြင်မြင့်	koun: bjin mjin:
Fels (m)	ကျောက်တောင်	kjau' hsain
Hügel (m)	တောင်ကုန်း	taun goun:

Gletscher (m)	ရေခဲမြစ်	jei ge: mji'
Wasserfall (m)	ရေတံခွန်	jei dan khun
Geiser (m)	ရေပူစမ်း	jei bu zan:
See (m)	ရေကန်	jei gan

Ebene (f)	မြေပြန့်	mjei bjan:
Landschaft (f)	ရှုခင်း	shu. gin:
Echo (n)	ပဲ့တင်သံ	pe. din than

Bergsteiger (m)	တောင်တက်သမား	taun de' thama:
Kletterer (m)	ကျောက်တောင်တက်သမား	kjau' taun de dha ma:
bezwingen (vt)	အောင်နိုင်သူ	aun nain dhu
Aufstieg (m)	တောင်တက်ခြင်း	taun de' chin:

128. Namen der Berge

Alpen (pl)	အဲလ်ပ်တောင်	e.lp daun
Montblanc (m)	မောင့်ဘလန့်စ်တောင်	maun. ba. lan. s taun
Pyrenäen (pl)	ပီရင်းနီးစ်တောင်	pi jan: ni:s taun
Karpaten (pl)	ကာပဆိယန်စ်တောင်	ka pa. dhi jan s taun
Uralgebirge (n)	ယူရယ်တောင်တန်း	ju re daun dan:
Kaukasus (m)	ကော့ကေးဆပ်တောင်တန်း	ko: kei: zi' taun dan:
Elbrus (m)	အယ်ဘရပ်စ်တောင်	e ba. ja's daun
Altai (m)	အယ်လတိုင်တောင်	e la. tain daun
Tian Shan (m)	တိုင်ယန်ရှင်းတောင်	tain jan shin: daun
Pamir (m)	ပါမီယာတောင်တန်း	pa mi ja daun dan:
Himalaja (m)	ဟိမဝ္ဌာတောင်တန်း	hi. ma. wan da daun dan:
Everest (m)	ဝေ့ရတ်တောင်	ei wa. ja' taun
Anden (pl)	အန်းဒီတောင်တန်း	an: di daun dan:
Kilimandscharo (m)	ကီလီမန်ဂျာဝိုတောင်	ki li man gja gou daun

129. Flüsse

Fluss (m)	မြစ်	mji'
Quelle (f)	စမ်း	san:
Flussbett (n)	ရေကြောစီးကြောင်း	jei gjo: zi: gjaun:
Stromgebiet (n)	မြစ်ချို့ဝှမ်း	mji' chain. hwan:
einmünden in ...	စီးဝင်သည်	si: win de
Nebenfluss (m)	မြစ်လက်တက်	mji' le' te'
Ufer (n)	ကမ်း	kan:
Strom (m)	စီးကြောင်း	si: gaun:
stromabwärts	ရေစုန်	jei zoun
stromaufwärts	ရေဆန်	jei zan
Überschwemmung (f)	ရေကြီးမှု	jei gji: hmu.
Hochwasser (n)	ရေလျှံခြင်း	jei shan gjin:
aus den Ufern treten	လျှံသည်	shan de
überfluten (vt)	ရေလွှမ်းသည်	jei hlwan: de
Sandbank (f)	ရေတိမ်ပိုင်း	jei dein bain:
Stromschnelle (f)	ရေအောက်ကျောက်တောင်	jei au' kjau' hsaun
Damm (m)	ဆည်	hse
Kanal (m)	တူးမြောင်း	tu: mjaun:
Stausee (m)	ရေလှောင်ကန်	jei hlaun gan
Schleuse (f)	ရေလွှေပေါက်	jei hlwe: bau'

Gewässer (n)	ရေကူ	jei du.
Sumpf (m), Moor (n)	ရွှံ့, ညွန်	shwan njun
Marsch (f)	မိုင်ချေ	sein. mjei
Strudel (m)	ရေဝဲ	jei we:
Bach (m)	ချောင်းကလေး	chaun: galei:
Trink- (z.B. Trinkwasser)	သောက်ရေ	thau' jei
Süß- (Wasser)	ရေချို	jei gjou
Eis (n)	ရေခဲ	jei ge:
zufrieren (vi)	ရေခဲသည်	jei ge: de

130. Namen der Flüsse

Seine (f)	ဆိန်းမြစ်	sein mji'
Loire (f)	လော်ရီမြစ်	lo ji mji'
Themse (f)	သိမ်းမြစ်	thain: mji'
Rhein (m)	ရိုင်းမြစ်	rain: mji'
Donau (f)	ဒင်နယူမြစ်	din na. ju mji'
Wolga (f)	ဗော်လဂါမြစ်	bo la. ga mja'
Don (m)	ဒွန်မြစ်	dun mja'
Lena (f)	လီနာမြစ်	li na mji'
Gelber Fluss (m)	မြစ်ဝါ	mji' wa
Jangtse (m)	ရန်ဇီးမြစ်	jan zi: mji'
Mekong (m)	မဲခေါင်မြစ်	me: gaun mji'
Ganges (m)	ဂင်္ဂါမြစ်	gan ga. mji'
Nil (m)	နိုင်းမြစ်	nain: mji'
Kongo (m)	ကွန်ဂိုမြစ်	kun gou mji'
Okavango (m)	အိုကာဗန့်ဂိုမြစ်	ai' hou ban
Sambesi (m)	ဇမ်ဘီးဇီးမြစ်	zan bi zi: mji'
Limpopo (m)	လင်ပိုပိုမြစ်	lin po pou mji'
Mississippi (m)	မစ်စပ္ပီမြစ်	mi' si. si. pi. mji'

131. Wald

Wald (m)	သစ်တော	thi' to:
Wald-	သစ်တောနှင့်ဆိုင်သော	thi' to: hnin. zain de.
Dickicht (n)	ထူထပ်သောတော	htu da' te. do:
Gehölz (n)	သစ်ပင်အုပ်	thi' pin ou'
Lichtung (f)	တောတွင်းလဟာပြင်	to: dwin: la. ha bjin
Dickicht (n)	ချုံဗိုတ်ပေါင်း	choun bei' paun:
Gebüsch (n)	ချုံထနောင်းတော	choun hta naun: de.
Fußweg (m)	လမ်းသွားလမ်းကလေး	lu dhwa: lan: ga. lei:
Erosionsrinne (f)	လှို	shou
Baum (m)	သစ်ပင်	thi' pin

Blatt (n)	သစ်ရွက်	thi' jwe'
Laub (n)	သစ်ရွက်များ	thi' jwe' mja:

Laubfall (m)	သစ်ရွက်ကြွေခြင်း	thi' jwe' kjwei gjin:
fallen (Blätter)	သစ်ရွက်ကြွေသည်	thi' jwe' kjwei de
Wipfel (m)	အဖျား	ahpja:

Zweig (m)	အကိုင်းခွဲ	akain: khwe:
Ast (m)	ပင်မကိုင်း	pin ma. gain:
Knospe (f)	အဖူး	ahpu:
Nadel (f)	အပင်နှင့်တူသောအရွက်	a' hnin. bu de. ajwe'
Zapfen (m)	ထင်းရှူးသီး	htin: shu: dhi:

Höhlung (f)	အခေါင်းပေါက်	akhaun: bau'
Nest (n)	ငှက်သိုက်	hnge' thai'
Höhle (f)	မြေတွင်း	mjei dwin:

Stamm (m)	ပင်စည်	pin ze
Wurzel (f)	အမြစ်	amji'
Rinde (f)	သစ်ခေါက်	thi' khau'
Moos (n)	ရေညှိ	jei hnji.

entwurzeln (vt)	အမြစ်မှဆွဲနုတ်သည်	amji' hma zwe: hna' te
fällen (vt)	ခုတ်သည်	khou' te
abholzen (vt)	တောပြုန်းစေသည်	to: bjoun: zei de
Baumstumpf (m)	သစ်ငုတ်တို	thi' ngou' tou

Lagerfeuer (n)	မီးပုံ	mi: boun
Waldbrand (m)	မီးလောင်ခြင်း	mi: laun gjin:
löschen (vt)	မီးသတ်သည်	mi: tha' de

Förster (m)	တောခေါင်း	to: gaun:
Schutz (m)	သစ်တောဝန်ထမ်း	thi' to: wun dan:
beschützen (vt)	ထိန်းသိမ်းစောင့်ရှောက်သည်	htein: dhein: zaun. shau' te
Wilddieb (m)	ခိုးယူသူ	khou: ju dhu
Falle (f)	သံမကောင်ရှောက်	than mani. daun gjau'

sammeln (Pilze ~)	စွတ်သည်	hsu' te
pflücken (Beeren ~)	ခူးသည်	khu: de
sich verirren	လမ်းပျောက်သည်	lan: bjau' de

---

132. natürliche Lebensgrundlagen

Naturressourcen (pl)	သယံဇာတ	thajan za da.
Bodenschätze (pl)	တွင်းထွက်ပစ္စည်း	twin: htwe' pji' si:
Vorkommen (n)	နန့်	noun;
Feld (Ölfeld usw.)	ဓာတ်အသွယ္ထွက်ရာမြေ	da' tha' tu dwe' ja mjei

gewinnen (vt)	တူးဖော်သည်	tu: hpo de
Gewinnung (f)	တူးဖော်ခြင်း	tu: hpo gjin:
Erz (n)	သတ္တုရိုင်း	tha' tu. jain:
Bergwerk (n)	သတ္တုတွင်း	tha' tu. dwin:
Schacht (m)	မိုင်းတွင်း	main: dwin:
Bergarbeiter (m)	သတ္တုတွင်း အလုပ်သမား	tha' tu. dwin: alou' thama:

| Erdgas (n) | ဓာတ်ငွေ့ | da' ngwei. |
| Gasleitung (f) | ဓါတ်ငွေ့ပိုက်လိုင်း | da' ngwei. bou' lain: |

Erdöl (n)	ရေနံ	jei nan
Erdölleitung (f)	ရေနံပိုက်လိုင်း	jei nan bou' lain:
Ölquelle (f)	ရေနံတွင်း	jei nan dwin:
Bohrturm (m)	ရေနံစင်	jei nan zin
Tanker (m)	လောင်စာတင်သင်္ဘော	laun za din dhin bo:

Sand (m)	သဲ	the:
Kalkstein (m)	ထုံးကျောက်	htoun: gjau'
Kies (m)	ကျောက်စရစ်	kjau' sa. ji'
Torf (m)	မြေဆွေးခဲ	mjei zwei: ge:
Ton (m)	မြေစေး	mjei zei:
Kohle (f)	ကျောက်မီးသွေး	kjau' mi dhwei:

Eisen (n)	သံ	than
Gold (n)	ရွှေ	shwei
Silber (n)	ငွေ	ngwei
Nickel (n)	နီကယ်	ni ke
Kupfer (n)	ကြေးနီ	kjei: ni

Zink (n)	သွပ်	thu'
Mangan (n)	မဂ္ဂနီစ်	ma' ga. ni:s
Quecksilber (n)	ပြဒါး	bada:
Blei (n)	ခဲ	khe:

Mineral (n)	သတ္တုရား	tha' tu. za:
Kristall (m)	သလင်းကျောက်	thalin: gjau'
Marmor (m)	စကျင်ကျောက်	zagjin kjau'
Uran (n)	ယူရေနီယမ်	ju rei ni jan

Die Erde. Teil 2

133. Wetter

Wetter (n)	ရာသီဥတု	ja dhi nja. tu.
Wetterbericht (m)	မိုးလေဝသသတင်း၊ မှန်းချက်	mou: lei wa. dha. gan. hman: gje'
Temperatur (f)	အပူရှိန်	apu gjein
Thermometer (n)	သာမိုမီတာ	tha mou mi ta
Barometer (n)	လေဖိအားတိုင်းကိရိယာ	lei bi. a: dain: gi. ji. ja
feucht	စိုထိုင်းသော	sou htain: de
Feuchtigkeit (f)	စိုထိုင်းမှု	sou htain: hmu.
Hitze (f)	အပူရှိန်	apu shein
glutheiß	ပူလောင်သော	pu laun de.
ist heiß	ပူလောင်ခြင်း	pu laun gjin:
ist warm	နွေးခြင်း	nwei: chin:
warm (Adj)	နွေးသော	nwei: de.
ist kalt	အေးခြင်း	ei: gjin:
kalt (Adj)	အေးသော	ei: de.
Sonne (f)	နေ	nei
scheinen (vi)	သာသည်	tha de
sonnig (Adj)	နေသာသော	nei dha de.
aufgehen (vi)	နေထွက်သည်	nei dwe' te
untergehen (vi)	နေဝင်သည်	nei win de
Wolke (f)	တိမ်	tein
bewölkt, wolkig	တိမ်ထူသော	tein du de
Regenwolke (f)	မိုးတိမ်	mou: dain
trüb (-er Tag)	ညို့မှိုင်းသော	njou. hmain: de.
Regen (m)	မိုး	mou:
Es regnet	မိုးရွာသည်	mou: jwa de.
regnerisch (-er Tag)	မိုးရွာသော	mou: jwa de.
nieseln (vi)	မိုးဖွဲဖွဲရွာသည်	mou: bwe: bwe: jwa de
strömender Regen (m)	သည်းထန်စွာရွာသောမိုး	thi: dan zwa jwa dho: mou:
Regenschauer (m)	မိုးပုဆိန်	mou: bu. zain
stark (-er Regen)	မိုးသည်းသော	mou: de: de.
Pfütze (f)	ရေအိုင်	jei ain
nass werden (vi)	မိုးမိသည်	mou: mi de
Nebel (m)	မြူ	mju
neblig (-er Tag)	မြူထူထပ်သော	mju htu hta' te.
Schnee (m)	နှင်း	hnin:
Es schneit	နှင်းကျသည်	hnin: gja. de

134. Unwetter Naturkatastrophen

Gewitter (n)	မိုးသက်မုန်တိုင်း	mou: dhe' moun dain:
Blitz (m)	လျှပ်စီး	hlja' si:
blitzen (vi)	လျှပ်ပြက်သည်	hlja' pje' te
Donner (m)	မိုးကြိုး	mou: kjou:
donnern (vi)	မိုးကြိုးပစ်သည်	mou: gjou: pi' te
Es donnert	မိုးကြိုးပစ်သည်	mou: gjou: pi' te
Hagel (m)	မိုးသီး	mou: dhi:
Es hagelt	မိုးသီးကြွသည်	mou: dhi: gjwei de
überfluten (vt)	ရေကြီးသည်	jei gji: de
Überschwemmung (f)	ရေကြီးမှု	jei gji: hmu.
Erdbeben (n)	ငလျင်	nga ljin
Erschütterung (f)	တုန်ခါခြင်း	toun ga gjin:
Epizentrum (n)	ငလျင်ဗဟိုချက်	nga ljin ba hou che'
Ausbruch (m)	မီးတောင်ပေါက်ကွဲခြင်း	mi: daun pau' kwe: gjin:
Lava (f)	ရှော်ရည်	cho ji
Wirbelsturm (m)	လေဆင်နှာမောင်း	lei zin hna maun:
Tornado (m)	လေဆင်နှာမောင်း	lei zin hna maun:
Taifun (m)	တိုင်ဖွန်းမုန်တိုင်း	tain hpun moun dain:
Orkan (m)	ဟာရီကိန်းမုန်တိုင်း	ha ji gain: moun dain:
Sturm (m)	မုန်တိုင်း	moun dain:
Tsunami (m)	ဆူနာမိ	hsu na mi
Zyklon (m)	ဆိုင်ကလုန်းမုန်တိုင်း	hsain ga. loun: moun dain:
Unwetter (n)	ဆိုးရွားသောရာသီဥတု	hsou: jwa: de. ja dhi u. tu.
Brand (m)	မီးလောင်ခြင်း	mi: laun gjin:
Katastrophe (f)	ဘေးအန္တရာယ်	bei: an daje
Meteorit (m)	ဥက္ကာခဲ	ou' ka ge:
Lawine (f)	ရေခဲနှင့်ကျောက်တုံးများထိုးကျခြင်း	jei ge: hnin kjau' toun: mja: htou: gja. gjin:
Schneelawine (f)	လေတိုက်၍ပြိုဖြစ်နေသောနှင်းပုံ	lei dou' hpji: bi' nei dho: hnin: boun
Schneegestöber (n)	နှင်းမုန်တိုင်း	hnin: moun dain:
Schneesturm (m)	နှင်းမုန်တိုင်း	hnin: moun dain:

Fauna

135. Säugetiere. Raubtiere

Raubtier (n)	သားရဲ	tha: je:
Tiger (m)	ကျား	kja:
Löwe (m)	ခြင်္သေ့	chin dhei.
Wolf (m)	ဝံပုလွေ	wun bu. lwei
Fuchs (m)	မြေခွေး	mjei gwei:

Jaguar (m)	ရာကွာကျားသစ်မျိုး	gja gwa gja: dhi' mjou:
Leopard (m)	ကျားသစ်	kja: dhi'
Gepard (m)	သစ်ကျုတ်	thi' kjou'

Panther (m)	ကျားသစ်နက်	kja: dhi' ne'
Puma (m)	ပျူမားတောင်ခြင်္သေ့	pju. ma: daun gjin dhei.
Schneeleopard (m)	ရေခဲတောင်ကျားသစ်	jei ge: daun gja: dhi'
Luchs (m)	လင့်ကြောင်မြီးတို	lin. gjaun mji: dou

Kojote (m)	ဝံပုလွေငယ်တစ်မျိုး	wun bu. lwei nge di' mjou:
Schakal (m)	ခွေးအ	khwei: a.
Hyäne (f)	ဟိုင်းအီးနား	hain i: na:

136. Tiere in freier Wildbahn

| Tier (n) | တိရစ္ဆာန် | tharei' hsan |
| Bestie (f) | ခြေလေးချောင်းသတ္တဝါ | chei lei: gjaun: dhadawa |

Eichhörnchen (n)	ရှဉ့်	shin.
Igel (m)	ဖြူကောင်	hpju gaun
Hase (m)	တောယုန်ကြီး	to: joun gji:
Kaninchen (n)	ယုန်	joun

Dachs (m)	ခွေးတူဝက်တူကောင်	khwei: du we' tu gaun
Waschbär (m)	ရက်ကွန်းဝံ	je' kwan: wan
Hamster (m)	ကြွက်တိုးပါးတွဲကြွက်	mji: dou ba: dwe: gjwe'
Murmeltier (n)	မားမိုတ်ကောင်	ma: mou. t gaun

Maulwurf (m)	ပွေး	pwei:
Maus (f)	ကြွက်	kjwe'
Ratte (f)	မြေကြွက်	mjei gjwe'
Fledermaus (f)	လင်းနို့	lin: nou.

Hermelin (n)	အားမင်ကောင်	a: min gaun
Zobel (m)	ဆောဘယ်	hsei be
Marder (m)	အသားစားအကောင်ငယ်	atha: za: akaun nge
Wiesel (n)	သားစားဖျံ	tha: za: bjan
Nerz (m)	မင့်ခမြွေဝါ	min kh mjwei ba

| Biber (m) | ဖျံကြီးတစ်မျိုး | hpjan gji: da' mjou: |
| Fischotter (m) | ဖျံ | hpjan |

Pferd (n)	မြင်း	mjin:
Elch (m)	ဦးချိုပြားသော သမင်ကြီး	u: gjou bja: dho: thamin gji:
Hirsch (m)	သမင်	thamin
Kamel (n)	ကုလားအုတ်	kala: ou'

Bison (m)	အမေရိကန်ပြောင်	amei ji kan pjaun
Wisent (m)	အောရက်စ်	o: re' s
Büffel (m)	ကျွဲ	kjwe:

Zebra (n)	မြင်းကျား	mjin: gja:
Antilope (f)	အပြေးမြန်သော တောဆိတ်	apjei: mjan de. hto: zei'
Reh (n)	အရယ်လယ်တစ်မျိုး	da. je nge da' mjou:
Damhirsch (m)	အရယ်	da. je
Gämse (f)	တောင်ဆိတ်	taun zei'
Wildschwein (n)	တောဝက်ထီး	to: we' hti:

Wal (m)	ဝေလငါး	wei la. nga:
Seehund (m)	ပင်လယ်ဖျံ	pin le bjan
Walroß (n)	ဝဲရုပ်စ်ဖျံ	wo: ra's hpjan
Seebär (m)	အမွေးပါသောပင် လယ်ဖျံ	amwei: pa dho: bin le hpjan
Delfin (m)	လင်းပိုင်	lin: bain

Bär (m)	ဝက်ဝံ	we' wun
Eisbär (m)	ဝိုလာဝက်ဝံ	pou la we' wan
Panda (m)	ပန်ဒါဝက်ဝံ	pan da we' wan

Affe (m)	မျောက်	mjau'
Schimpanse (m)	ချင်ပင်ဇီမျောက်ဝံ	chin pin zi mjau' wan
Orang-Utan (m)	အော်ရန်အူတန်လူဝံ	o ran u tan lu wun
Gorilla (m)	ဂေါ်ရီလာမျောက်ဝံ	go ji la mjau' wun
Makak (m)	မာကာဂွေမျောက်	ma ga gwei mjau'
Gibbon (m)	မျောက်လွှဲကျော်	mjau' hlwe: gjo

Elefant (m)	ဆင်	hsin
Nashorn (n)	ကြံ့	kjan.
Giraffe (f)	သစ်ကုလားအုတ်	thi' ku. la ou'
Flusspferd (n)	ရေမြင်း	jei mjin:

| Känguru (n) | သားပိုက်ကောင် | tha: bai' kaun |
| Koala (m) | ကိုအာလာဝက်ဝံ | kou a la we' wun |

Manguste (f)	မြွေပါ	mwei ba
Chinchilla (n)	ချင်းချီလာ	chin: chi la
Stinktier (n)	စကန့်ဖျံ	sakan. kh hpjan
Stachelschwein (n)	ဖြူ	hpju

137. Haustiere

Katze (f)	ကြောင်	kjaun
Kater (m)	ကြောင်ထီး	kjaun di:
Hund (m)	ခွေး	khwei:

Pferd (n)	မြင်း	mjin:
Hengst (m)	မြင်းထီး	mjin: di:
Stute (f)	မြင်းမ	mjin: ma.

Kuh (f)	နွား	nwa:
Stier (m)	နွားထီး	nwa: di:
Ochse (m)	နွားထီး	nwa: di:

Schaf (n)	သိုး	thou:
Widder (m)	သိုးထီး	thou: hti:
Ziege (f)	ဆိတ်	hsei'
Ziegenbock (m)	ဆိတ်ထီး	hsei' hti:

| Esel (m) | မြည်း | mji: |
| Maultier (n) | လား | la: |

Schwein (n)	ဝက်	we'
Ferkel (n)	ဝက်ကလေး	we' ka lei:
Kaninchen (n)	ယုန်	joun

| Huhn (n) | ကြက် | kje' |
| Hahn (m) | ကြက်ဖ | kje' pha. |

Ente (f)	ဘဲ	be:
Enterich (m)	ဘဲထီး	be: di:
Gans (f)	ဘဲငန်း	be: ngan:

| Puter (m) | ကြက်ဆင် | kje' hsin |
| Pute (f) | ကြက်ဆင် | kje' hsin |

Haustiere (pl)	အိမ်မွေးတိရစ္ဆာန်များ	ein mwei: ti. ji. swan mja:
zahm	ယဉ်ပါးသော	jin ba: de.
zähmen (vt)	ယဉ်ပါးစေသည်	jin ba: zei de
züchten (vt)	သားပေါက်သည်	tha: bau' te

Farm (f)	စိုက်ပျိုးမွေးမြူရေးခြံ	sai' pjou: mwei: mju jei: gjan
Geflügel (n)	ကြက်ဌက်တိရစ္ဆာန်	kje' ti ji za hsan
Vieh (n)	ကျွဲနွားတိရစ္ဆာန်	kjwe: nwa: tarei. zan
Herde (f)	အုပ်	ou'

Pferdestall (m)	မြင်းဇောင်း	mjin: zaun:
Schweinestall (m)	ဝက်ခြံ	we' khan
Kuhstall (m)	နွားတင်းကုပ်	nwa: din: gou'
Kaninchenstall (m)	ယုန်အိမ်	joun ein
Hühnerstall (m)	ကြက်လှောင်အိမ်	kje' hlaun ein

138. Vögel

Vogel (m)	ငှက်	hnge'
Taube (f)	ချို	khou
Spatz (m)	စာကလေး	sa ga. lei;
Meise (f)	စာဝတီးငှက်	sa wadi: hnge'
Elster (f)	ငှက်ကျား	hnge' kja:
Rabe (m)	ကျီးနက်	kji: ne'

Krähe (f)	ကျီးကန်း	kji: kan:
Dohle (f)	ဥရောပကျီးတစ်မျိုး	u. jo: pa gji: di' mjou:
Saatkrähe (f)	ကျီးအ	kji: a.

Ente (f)	ဘဲ	be:
Gans (f)	ဘဲငန်း	be: ngan:
Fasan (m)	ရစ်ငှက်	ji' hnge'

Adler (m)	လင်းယုန်	lin: joun
Habicht (m)	သိမ်းငှက်	thain: hnge'
Falke (m)	အမဲလိုက်သိမ်းငှက်တစ်မျိုး	ame: lai' thein: hnge' ti' mjou:
Greif (m)	လင်းတ	lin: da.
Kondor (m)	တောင်အမေရိကလင်းတ	taun amei ri. ka. lin: da.

Schwan (m)	ငန်း	ngan:
Kranich (m)	ငှက်ကုလား	hnge' ku. la:
Storch (m)	ချည်ဆင်စွပ်ငှက်	che gin zu' hnge'

Papagei (m)	ကြက်တူရွေး	kje' tu jwei:
Kolibri (m)	ငှက်ပိတုန်း	hnge' pi. doun:
Pfau (m)	ဥဒေါင်း	u. daun:

Strauß (m)	ငှက်ကုလားအုတ်	hnge' ku. la: ou'
Reiher (m)	ဗျာင်းငှက်	nga hi' hnge'
Flamingo (m)	ကြိုးကြားနီ	kjou: kja: ni
Pelikan (m)	ငှက်ကြီးဝန်ပို	hnge' kji: wun bou

Nachtigall (f)	တေးဆိုငှက်	tei: hsou hnge'
Schwalbe (f)	ပျံလွှား	pjan hlwa:

Drossel (f)	မြေလှုငှက်	mjei lu: hnge'
Singdrossel (f)	တေးဆိုမြေလှုငှက်	tei: hsou mjei lu: hnge'
Amsel (f)	ငှက်မည်း	hnge' mji:

Segler (m)	ပျံလွှားတစ်မျိုး	pjan hlwa: di' mjou:
Lerche (f)	ဘီလုံးငှက်	bi loun: hnge'
Wachtel (f)	ငုံး	ngoun:

Specht (m)	သစ်တောက်ငှက်	thi' tau' hnge'
Kuckuck (m)	ဥဩငှက်	udhja hnge'
Eule (f)	ဇီးကွက်	zi: gwe
Uhu (m)	သိမ်းငှက်အနွယ်ဝင်ဇီးကွက်	thain: hnge' anwe win zi: gwe'
Auerhahn (m)	ရစ်	ji'
Birkhahn (m)	ရစ်နက်	ji' ne'
Rebhuhn (n)	ခါ	kha

Star (m)	ကျွဲဆက်ရက်	kjwe: hse' je'
Kanarienvogel (m)	စာဝါငှက်	sa wa hnge'
Haselhuhn (n)	ရစ်ညို	ji' njou

Buchfink (m)	စာကျွဲခေါင်း	sa gjwe: gaun:
Gimpel (m)	စာကျွဲခေါင်းငှက်	sa gjwe: gaun: hngwe'

Möwe (f)	စင်ရော်	sin jo
Albatros (m)	ပင်လယ်စင်ရော်ကြီး	pin le zin jo gji:
Pinguin (m)	ပင်ဝွင်း	pin gwin:

139. Fische. Meerestiere

Brachse (f)	ငါးကြင်းတစ်မျိုး	nga: gjin: di' mjou
Karpfen (m)	ငါးကြင်း	nga gjin:
Barsch (m)	ငါးပြေမတစ်မျိုး	nga: bjei ma. di' mjou:
Wels (m)	ငါးခူ	nga: gu
Hecht (m)	ပိုက်ငါး	pai' nga

Lachs (m)	ဆော်လမွန်ငါး	hso: la. mun nga:
Stör (m)	စတာဂျင်ငါးကြီးမျိုး	sata gjin nga: gji: mjou:

Hering (m)	ငါးသလောက်	nga: dha. lau'
atlantische Lachs (m)	ဆော်လမွန်ငါး	hso: la. mun nga:
Makrele (f)	မက်ကရယ်ငါး	me' ka. je nga:
Scholle (f)	ပုဏ္ဏပ ငါးဆွေး လျှာတစ်မျိုး	u. jo: pa nga: gwe: sha di' mjou:

Zander (m)	ငါးပြမအွန္နယ် ဝင်ငါးတစ်မျိုး	nga: bjei ma. anwe win nga: di' mjou:
Dorsch (m)	ငါးကြီးဆီထုတ်သောငါး	nga: gji: zi dou' de. nga:
Tunfisch (m)	တူနာငါး	tu na nga:
Forelle (f)	ထရောက်ငါး	hta. jau' nga:

Aal (m)	ငါးရှဉ့်	nga: shin.
Zitterrochen (m)	ငါးလက်ထုံ	nga: le' htoun
Muräne (f)	ငါးရှဉ့်ကြီးတစ်မျိုး	nga: shin. gji: da' mjou:
Piranha (m)	အသားစားငါးငယ်တစ်မျိုး	atha: za: nga: nge ti' mjou:

Hai (m)	ငါးမန်း	nga: man:
Delfin (m)	လင်းပိုင်	lin: bain
Wal (m)	ဝေဝလငါး	wei la. nga:

Krabbe (f)	ကဏန်း	kanan:
Meduse (f)	ငါးဖန်ခွက်	nga: hpan gwe'
Krake (m)	ရေဘဝဲ	jei ba. we:

Seestern (m)	ကြယ်ငါး	kje nga:
Seeigel (m)	သိပ္ပဖြူ	than ba. gjou'
Seepferdchen (n)	ရေနဂါး	jei naga:

Auster (f)	ကမာကောင်	kama kaun
Garnele (f)	ပုစွန်	bazun
Hummer (m)	ကျောက်ပုစွန်	kjau' pu. zun
Languste (f)	ကျောက်ပုစွန်	kjau' pu. zun

140. Amphibien Reptilien

Schlange (f)	မြွေ	mwei
Gift-, giftig	အဆိပ်ရှိသော	ahsei' shi. de.

Viper (f)	မြွေပွေး	mwei bwei:
Kobra (f)	မြွေဟောက်	mwei hau'
Python (m)	စပါးအုံးမြွေ	saba: oun: mwei

Boa (f)	စပါးကြီးမြွေ	saba: gji: mwei
Ringelnatter (f)	မြက်လျှောမြွေ	mje' sho: mwei
Klapperschlange (f)	ဆလောက်ဆိုမြွေ	kha. lau' hswe: mwei
Anakonda (f)	အနာကွန်ဒါမြွေ	ana kun da mwei
Eidechse (f)	တွားသွားသတ္တဝါ	twa: dhwa: tha' tawa
Leguan (m)	ဖွတ်	hpu'
Waran (m)	ပုတ်သင်	pou' thin
Salamander (m)	ရေပုတ်သင်	jei bou' thin
Chamäleon (n)	ပုတ်သင်ညို	pou' thin njou
Skorpion (m)	ကင်းမြီးကောက်	kin: mji: kau'
Schildkröte (f)	လိပ်	lei'
Frosch (m)	ဖား	hpa:
Kröte (f)	ဖားပြုပ်	hpa: bju'
Krokodil (n)	မိကျောင်း	mi. kjaun:

141. Insekten

Insekt (n)	ပိုးများ	pou: hmwa:
Schmetterling (m)	လိပ်ပြာ	lei' pja
Ameise (f)	ပုရွက်ဆိတ်	pu. jwe' hsei'
Fliege (f)	ယင်ကောင်	jin gaun
Mücke (f)	ခြင်	chin
Käfer (m)	ပိုးတောင်မာ	pou: daun ma
Wespe (f)	နကျယ်ကောင်	na. gje gaun
Biene (f)	ပျား	pja:
Hummel (f)	ပိတုန်း	pi. doun:
Bremse (f)	မှက်	hme'
Spinne (f)	ပင့်ကူ	pjin. gu
Spinnennetz (n)	ပင့်ကူအိမ်	pjin gu ein
Libelle (f)	ပစဉ်း	bazin
Grashüpfer (m)	နံကောင်	hnan gaun
Schmetterling (m)	ပိုးဖလံ	pou: ba. lan
Schabe (f)	ပိုးဟပ်	pou: ha'
Zecke (f)	မှား	hmwa:
Floh (m)	သန်း	than:
Kriebelmücke (f)	မှက်အသေးစား	hme' athei: za:
Heuschrecke (f)	ကျိုင်းကောင်	kjain: kaun
Schnecke (f)	ခရု	khaju.
Heimchen (n)	ပုရစ်	paji'
Leuchtkäfer (m)	ပိုးစုန်းကျူး	pou: zoun: gju:
Marienkäfer (m)	လေးဘက်သုံးပိုးတောင်မာ	lei di ba' pou: daun ma
Maikäfer (m)	အုန်းပိုး	oun: bou:
Blutegel (m)	မျှော	hmjo.
Raupe (f)	ပေါက်ဖတ်	pau' hpe'
Wurm (m)	တီကောင်	ti gaun
Larve (f)	ပိုးတုံးလုံး	pou: doun: loun:

Flora

Baum (m)	သစ်ပင်	thi' pin
Laub-	ရွက်ဖြတ်	jwe' pja'
Nadel-	ထင်းရှူးပင်နှင့်ဆိုင်သော	htin: shu: bin hnin. zain de.
immergrün	အဗားရင်းပင်	e ba: ga rin: bin
Apfelbaum (m)	ပန်းသီးပင်	pan: dhi: bin
Birnbaum (m)	သစ်တော်ပင်	thi' to bin
Kirschbaum (m)	ချယ်ရီသီးပင်	che ji dhi: bin
Süßkirschbaum (m)	ချယ်ရီသီးအချိုပင်	che ji dhi: akjou bin
Sauerkirschbaum (m)	ချယ်ရီသီးအချဉ်ပင်	che ji dhi: akjin bin
Pflaumenbaum (m)	သီးပင်	hsi: bin
Birke (f)	ဘုဇပတ်ပင်	bu. za. ba' pin
Eiche (f)	ဝက်သစ်ချပင်	we' thi' cha. bin
Linde (f)	လင်ဒန်ပင်	lin dan pin
Espe (f)	ပေါ်ပလာပင်တစ်မျိုး	po. pa. la bin di' mjou:
Ahorn (m)	မေပယ်ပင်	mei pe bin
Fichte (f)	ထင်းရှူးပင်တစ်မျိုး	htin: shu: bin ti' mjou:
Kiefer (f)	ထင်းရှူးပင်	htin: shu: bin
Lärche (f)	ကဒေါ့ပုံထင်းရှူးပင်	ka dau. boun din: shu: pin
Tanne (f)	ထင်းရှူးပင်တစ်မျိုး	htin: shu: bin ti' mjou:
Zeder (f)	သစ်ကတိုးပင်	thi' gadou: bin
Pappel (f)	ပေါ်ပလာပင်	po. pa. la bin
Vogelbeerbaum (m)	ရာအန်ပင်	ra an bin
Weide (f)	မိုးမဆပင်	mou: ma. ga. bin
Erle (f)	အိုလ်ဒါပင်	oun da bin
Buche (f)	ယင်းသစ်	jin: dhi'
Ulme (f)	အမ်ပင်	an bin
Esche (f)	အက်ရှ်အပင်	e' sh apin
Kastanie (f)	သစ်အယ်ပင်	thi' e
Magnolie (f)	တထိုင်းမွှေးပင်	ta tain: hmwei: bin
Palme (f)	ထန်းပင်	htan: bin
Zypresse (f)	စိုက်ပရက်စ်ပင်	sai' pa. je's pin
Mangrovenbaum (m)	လမ္ပင်	la. mu. bin
Baobab (m)	ကန်ဘရေပေါက်ပင်တစ်မျိုး	kan ta ja. bau' bin di' chju:
Eukalyptus (m)	ယူကလစ်ပင်	ju kali' pin
Mammutbaum (m)	ဆီဂွိုလာပင်	hsi gwou la pin

143. Büsche

| Strauch (m) | ချုံပုတ် | choun bou' |
| Gebüsch (n) | ချုံ | choun |

| Weinstock (m) | စပျစ် | zabji' |
| Weinberg (m) | စပျစ်ခြံ | zabji' chan |

Himbeerstrauch (m)	ရက်စဘယ်ရီ	re' sa be ji
schwarze Johannisbeere (f)	ဘလက်ကားရန့်	ba. le' ka: jan.
rote Johannisbeere (f)	အနီရောင်ဘယ်ရီသီး	ani jaun be ji dhi:
Stachelbeerstrauch (m)	ကုလားဆီးဖြူပင်	kala: zi: hpju pin

Akazie (f)	အကေရှားပင်	akei sha: bin:
Berberitze (f)	ဘားဘယ်ရီပင်	ba: be' ji bin
Jasmin (m)	စံပယ်ပင်	san be bin

Wacholder (m)	ဂျူနီပါပင်	gju ni ba bin
Rosenstrauch (m)	နှင်းဆီရုံ	hnin: zi gjun
Heckenrose (f)	တောရိုင်းနှင်းဆီပင်	to: ein: hnin: zi bin

144. Obst. Beeren

| Frucht (f) | အသီး | athi: |
| Früchte (pl) | အသီးများ | athi: mja: |

Apfel (m)	ပန်းသီး	pan: dhi:
Birne (f)	သစ်တော်သီး	thi' to dhi:
Pflaume (f)	ဆီးသီး	hsi: dhi:

Erdbeere (f)	စတော်ဘယ်ရီသီး	sato be ri dhi:
Kirsche (f)	ချယ်ရီသီး	che ji dhi:
Sauerkirsche (f)	ချယ်ရီချဉ်သီး	che ji gjin dhi:
Süßkirsche (f)	ချယ်ရီချိုသီး	che ji gjou dhi:
Weintrauben (pl)	စပျစ်သီး	zabji' thi:

Himbeere (f)	ရက်စဘယ်ရီ	re' sa be ji
schwarze Johannisbeere (f)	ဘလက်ကားရန့်	ba. le' ka: jan.
rote Johannisbeere (f)	အနီရောင်ဘယ်ရီသီး	ani jaun be ji dhi:
Stachelbeere (f)	ကုလားဆီးဖြူ	ka. la: his: hpju
Moosbeere (f)	ကရမ်ဘယ်ရီ	ka. jan be ji

Apfelsine (f)	လိမ္မော်သီး	limmo dhi:
Mandarine (f)	ဂျားပလိမ္မော်သီး	pja: lein mo dhi:
Ananas (f)	နာနတ်သီး	na na' dhi:
Banane (f)	ငှက်ပျောသီး	hnge' pjo: dhi:
Dattel (f)	စွန်ပလွံသီး	sun palun dhi:

Zitrone (f)	သံပုရိုသီး	than bu. jou dhi:
Aprikose (f)	တရုတ်ဆီးသီး	jau' hsi: dhi:
Pfirsich (m)	မက်မွန်သီး	me' mwan dhi:
Kiwi (f)	ကီဝီသီး	ki wi dhi
Grapefruit (f)	ဂရိတ်ဖရုသီး	ga. ri' hpa. ju dhi:

Beere (f)	ဘယ်ရီသီး	be ji dhi:
Beeren (pl)	ဘယ်ရီသီးများ	be ji dhi: mja:
Preiselbeere (f)	အန်ရောင်ဘယ်ရီသီးတစ်မျိုး	ani jaun be ji dhi: di: mjou:
Walderdbeere (f)	စတော်ဘယ်ရီရိုင်း	sato be ri jain:
Heidelbeere (f)	ဘီလ်ဘယ်ရီအသီး	bi' l be ji athi:

145. Blumen. Pflanzen

Blume (f)	ပန်း	pan:
Blumenstrauß (m)	ပန်းစည်း	pan: ze:

Rose (f)	နှင်းဆီပန်း	hnin: zi ban:
Tulpe (f)	ကျူးလစ်ပန်း	kju: li' pan:
Nelke (f)	ေဇာ်မွားပန်း	zo hmwa: bin:
Gladiole (f)	သစ္စာပန်း	thi' sa ban:

Kornblume (f)	အပြာရောင်ေတာပန်းတစ်မျိုး	apja jaun dho ban: da' mjou:
Glockenblume (f)	ေခါင်းရန်းအပြာပန်း	gaun: jan: apja ban:
Löwenzahn (m)	ေတာပန်းအဝါတစ်မျိုး	to: ban: awa ti' mjou:
Kamille (f)	ေမွှးပျံ့ပန်း	mei. mjou. ban:

Aloe (f)	ရှားေစာင်းလက်ပတ်ပင်	sha: zaun: le' pa' pin
Kaktus (m)	ရှားေစာင်းပင်	sha: zaun: bin
Gummibaum (m)	ေရာ်ဘာပင်	jo ba bin

Lilie (f)	နှင်းပန်း	hnin: ban:
Geranie (f)	ေကြာပန်းတစ်မျိုး	kjwei ban: da' mjou:
Hyazinthe (f)	ေဗဒါပန်း	bei da ba:

Mimose (f)	ထိကရုံးကြီးပင်	hti. ga. joun: gji: bin
Narzisse (f)	နားစီဆတ်ဆီပင်	na: zi ze's pin
Kapuzinerkresse (f)	ေတာင်ကြာကေလး	taun gja galei:

Orchidee (f)	သစ်ခွပင်	thi' khwa. bin
Pfingstrose (f)	ဝဒပန်း	san dapan:
Veilchen (n)	ဗိုင်းအိုးလက်	bain: ou le'

Stiefmütterchen (n)	ေပါင်ဒါပန်း	paun da ban:
Vergissmeinnicht (n)	ခင်မမေ့ပန်း	khin ma. mei. pan:
Gänseblümchen (n)	ေဒဇီပန်း	dei zi bin

Mohn (m)	ဘိန်းပင်	bin: bin
Hanf (m)	ေဆးေြခာက်ပင်	hsei: chau' pin
Minze (f)	ပူစီနံ	pu zi nan

Maiglöckchen (n)	နှင်းပန်းတစ်မျိုး	hnin: ban: di' mjou:
Schneeglöckchen (n)	နှင်းေခါင်းေလာင်းပန်း	hnin: gaun: laun: ban:

Brennnessel (f)	ဖက်ယားပင်	hpe' ja: bin
Sauerampfer (m)	ေမှာ်ရှဉ့်ပင်	hmjo gji bin
Seerose (f)	ကြာ	kja
Farn (m)	ဖန်းပင်	hpan: bin
Flechte (f)	သစ်ကပ်မှော်	thi' ka' hmo
Gewächshaus (n)	ဖန်လုံအိမ်	hpan ain

| Rasen (m) | မြက်ခင်း | mje' khin: |
| Blumenbeet (n) | ပန်းစိုက်ခင်း | pan: zai' khan: |

Pflanze (f)	အပင်	apin
Gras (n)	မြက်	mje'
Grashalm (m)	ရှက်ရွှန်း	jwe' chun:

Blatt (n)	အရွက်	ajwa'
Blütenblatt (n)	ပွင့်ချပ်	pwin: gja'
Stiel (m)	ပင်စည်	pin ze
Knolle (f)	ဥမြစ်	u. mi'

| Jungpflanze (f) | အစို့အညှောက် | asou./a hnjau' |
| Dorn (m) | ဆူး | hsu: |

blühen (vi)	ပွင့်သည်	pwin: de
welken (vi)	ညှိုးနွမ်းသည်	hnjou: nun: de
Geruch (m)	အနံ့	anan.
abschneiden (vt)	ရိတ်သည်	jei' te
pflücken (vt)	ခူးသည်	khu: de

146. Getreide, Körner

Getreide (n)	နှံစားပင်တို့၏ အစေ့အဆန်	hnan za: bin dou. i. asei. ahsan
Getreidepflanzen (pl)	ကောက်ပဲသီးနှံ	kau' pe: dhi: nan
Ähre (f)	အနှံ	ahnan

Weizen (m)	ဂျုံ	gja. mei: ka:
Roggen (m)	ဂျုံရိုင်း	gjoun jain:
Hafer (m)	မြင်းစားဂျုံ	mjin: za: gjoun
Hirse (f)	ကောက်ပဲသီးနှံပင်	kau' pe: dhi: nan bin
Gerste (f)	မုဆယောစပါး	mu. jo za. ba:

Mais (m)	ပြောင်းဖူး	pjaun: bu:
Reis (m)	ဆန်စပါး	hsan zaba
Buchweizen (m)	ပန်းဂျုံ	pan: gjun

Erbse (f)	ပဲစေ့	pe: zei.
weiße Bohne (f)	ပဲဝလီစားပဲ	bou za: be:
Sojabohne (f)	ပဲပုပ်ပဲ	pe: bou' pe
Linse (f)	ပဲနီကလေး	pe: ni ga. lei:
Bohnen (pl)	ပဲအမျိုးမျိုး	pe: amjou: mjou:

LÄNDER. NATIONALITÄTEN

147. Westeuropa

Europa (n)	ဥရောပ	u. jo: pa
Europäische Union (f)	ဥရောပသမဂ္ဂ	u. jo: pa dha: me' ga.
Österreich	သြစတြီးယား	o. sa. tji: ja:
Großbritannien	အင်္ဂလန်	angga. lan
England	အင်္ဂလန်	angga. lan
Belgien	ဘယ်လ်ဂျီယံ	be l gji jan
Deutschland	ဂျာမန်	gja man
Niederlande (f)	နယ်သာလန်	ne dha lan
Holland (n)	ဟော်လန်	ho lan
Griechenland	ဂရိ	ga. ri.
Dänemark	ဒိန်းမတ်	dein: ma'
Irland	အိုင်ယာလန်	ain ja lan
Island	အိုက်စလန်း	ai' sa lan:
Spanien	စပိန်	sapein
Italien	အီတလီ	ita. li
Zypern	ဆူးပရက်စ်	hsu: pa. je' s te.
Malta	မာလတာ	ma ta
Norwegen	နော်ဝေး	no wei:
Portugal	ပေါ်တူဂီ	po tu gi
Finnland	ဖင်လန်	hpin lan
Frankreich	ပြင်သစ်	pjin dhi'
Schweden	ဆွီဒင်	hswi din
Schweiz (f)	ဆွစ်ဇာလန်	hswa' za lan
Schottland	စကော့တလန်	sa. ko: talan
Vatikan (m)	ဗာတီကန်	ba di gan
Liechtenstein	ဗာတီကန်လူမျိုး	ba di gan dhu mjo:
Luxemburg	လူဆင်ဘော့	lju hsan bo.
Monaco	မိုနာကို	mou na kou

148. Mittel- und Osteuropa

Albanien	အယ်လ်ဘေးနီးယား	e l bei: ni: ja:
Bulgarien	ဘူလ်ဂေးရီးယား	bou gei: ji: ja
Ungarn	ဟန်ဂေရီ	han gei ji
Lettland	လတ်ဗီယန်	la' bi jan
Litauen	လစ်သူနီယံ	li' thu ni jan
Polen	ပိုလန်	pou lan

Rumänien	ရူမေးနီးယား	ru mei: ni: ja:
Serbien	ဆယ်ဗိယဲ	hse bi jan.
Slowakei (f)	ဆလိုဗာကီယာ	hsa. lou ba ki ja

Kroatien	ခရိုအေးရှား	kha. jou ei: sha:
Tschechien	ချက်	che'
Estland	အက်စ်တိုးနီးယား	e's to' ni: ja:

Bosnien und Herzegowina	ဘော့စ်နီးယားနှင့်ဟာ ဇီဂိုဗီနာ	bo'. ni: ja: hnin. ha zi gou bi na
Makedonien	မက်ဆီဒိုးနီးယား	me' hsi: dou: ni: ja:
Slowenien	ဆလိုဗီနီးယား	hsa. lou bi ni: ja:
Montenegro	မွန်တန်နီဂရို	mun dan ni ga. jou

149. Frühere UdSSR Republiken

Aserbaidschan	အာဇာဘိုင်ဂျန်း	a za bain gjin:
Armenien	အာမေးနီးယား	a me: ni: ja:

Weißrussland	ဘီလာရုစ်	bi la ju'
Georgien	ဂျော်ဂျီယာ	gjo gji ja
Kasachstan	ကာဇက်စတန်	ka ze' satan
Kirgisien	ကစ်ရ်ဂိကစ္စတန်	ki' ji ki' za. tan
Moldawien	မိုဒိုဗာ	mou dou ja

Russland	ရုရှား	ru. sha:
Ukraine (f)	ယူကရိန်း	ju ka. jein:

Tadschikistan	တာဂျစ်ကစ္စတန်	ta gji' ki' sa. tan
Turkmenistan	တပ်မင်နီစ္စတန်	ta' min ni' sa. tan
Usbekistan	ဥဇဘက်ကစ္စတန်	u. za. be' ki' sa. tan

150. Asien

Asien	အာရှ	a sha.
Vietnam	ဗီယက်နမ်	bi je' nan
Indien	အိန္ဒိယ	indi, ja
Israel	အစ္စရေး	a' sa. jei:

China	တရုတ်	tajou'
Libanon (m)	လက်ဘနန်	le' ba. nun
Mongolei (f)	မွန်ဂိုလီးယား	mun gou li: ja:

Malaysia	မလေးရှား	ma. lei: sha:
Pakistan	ပါကစ္စတန်	pa ki' sa. tan

Saudi-Arabien	ဆော်ဒီအာရေ့ဗီးယား	hso: di a jei. bi: ja:
Thailand	ထိုင်း	htain:
Taiwan	ထိုင်ဝမ်	htain wan
Türkei (f)	တူရကီ	tu ra. ki
Japan	ဂျပန်	gja pan
Afghanistan	အာဖဂန်နစ္စတန်	apha. gan na' tan

Bangladesch	ဘင်္ဂလားဒေ့ရှ်	bang la: dei. sh
Indonesien	အင်ဒိုနီးရှား	in do ni: sha:
Jordanien	ဂျော်ဒန်	gjo dan

Irak	အီရတ်	ira'
Iran	အီရန်	iran
Kambodscha	ကမ္ဘောဒီးယား	ga khan ba di: ja:
Kuwait	ကူဝိတ်	ku wi'

Laos	လာအို	la ou
Myanmar	မြန်မာ	mjan ma
Nepal	နီပေါ်	ni po:
Vereinigten Arabischen Emirate	အာရပ်နိုင်ငံများ	a ra' nain ngan mja:

| Syrien | ဆီးရီးယား | hsi: ji: ja: |
| Palästina | ပါလက်စတိုင်း | pa le' sa tain: |

| Südkorea | တောင်ကိုရီးယား | taun kou ri: ja: |
| Nordkorea | မြောက်ကိုရီးယား | mjau' kou ji: ja: |

151. Nordamerika

Die Vereinigten Staaten	အမေရိကန် ပြည်ထောင်စု	amei ji kan pji htaun zu
Kanada	ကနေဒါနိုင်ငံ	ka. nei da nain gan
Mexiko	မက္ကဆီကိုနိုင်ငံ	me' ka. hsi kou nain ngan

152. Mittel- und Südamerika

Argentinien	အာဂျင်တီးနား	agin ti: na:
Brasilien	ဘရာဇီးလ်	ba. ra zi'l
Kolumbien	ကိုလံဗီးယား	kou lan: bi: ja:

| Kuba | ကျူးဘား | kju: ba: |
| Chile | ချီလီ | chi li |

| Bolivien | ဘိုလ်ဗီးယား | bou la' bi: ja: |
| Venezuela | ဗယ်နီဇွဲလား | be ni zwe: la: |

| Paraguay | ပါရာဂွေး | pa ja gwei: |
| Peru | ပီရူး | pi ju: |

Suriname	ဆူရီနိမ်း	hsu. ji nei:
Uruguay	အူရူဂွေး	ou. ju gwei:
Ecuador	အီကွေဒေါ	i kwei: do:

| Die Bahamas | ဘာဟားမက် | ba ha me' |
| Haiti | ဟိုင်တီ | hain ti |

Dominikanische Republik	ဒိုမီနီကန်	dou mi ni kan
Panama	ပနားမား	pa. na: ma:
Jamaika	ဂျမေးကား	g'me:kaa:

153. Afrika

Ägypten	အီဂျစ်	igji'
Marokko	မော်ရိုကို	mo jou gou
Tunesien	တူနစ်ရှား	tu ni' sha:

Ghana	ဂါနာ	ga na
Sansibar	ဇန်ဇီဘာ	zan zi ba
Kenia	ကင်ညာ	kin nja
Libyen	လီဗီယာ	li bi ja
Madagaskar	မာဒဂက်ကာစကာ	ma de' ka za ga

Namibia	နမ်မီးဘီးယား	nami: bi: ja:
Senegal	ဆယ်နီဂေါ်	hse ni go
Tansania	တန်ဇားနီးယား	tan za: ni: ja:
Republik Südafrika	တောင်အာဖရိကာ	taun a hpa. ji. ka.

154. Australien. Ozeanien

Australien	ဩစတြေးလျ	thja za djei: lja
Neuseeland	နယူးဇီလန်	na. ju: zi lan

Tasmanien	တာစ်မေးနီးယား	ta. s mei: ni: ja:
Französisch-Polynesien	ပြင်သစ် ပေါ်လီးနီးရှား	pjin dhi' po li: ni: sha:

155. Städte

Amsterdam	အမ်စတာဒမ်မြို့	an za ta dan mjou.
Ankara	အမ်ကာရာမြို့	an ga ja mjou.
Athen	အေသင်မြို့	e thin mjou.

Bagdad	ဘဂ္ဂဒတ်မြို့	ba' ga. da mjou.
Bangkok	ဘန်ကောက်မြို့	ban gou' mjou.
Barcelona	ဘာစီလိုနာမြို့	ba zi lou na mjou.
Beirut	ဘီရာမြို့	bi ja ju. mjou.
Berlin	ဘာလင်မြို့	ba lin mjou.

Bombay	မွန်ဘိုင်းမြို့	mun bain mjou.
Bonn	ဘွန်းမြို့	bwun: mjou.
Bordeaux	ဘော်ဒိုးမြို့	bo dou: mjou.
Bratislava	ဘရာတဝ်စလာဗာမြို့	ba. ra ta' hsa. la ba mjou.
Brüssel	ဘရပ်ဆဲလ်မြို့	ba. ja' hse:' mjou.
Budapest	ဘူဒါပတ်စ်မြို့	bu da pa' s mjou.
Bukarest	ဘူးရရက်မြို့	bu: ga. ja' mjou.

Chicago	ရှီကာဂိုမြို့	chi ka gou mjou.
Daressalam	ဒါရူစလမ်မြို့	da ju za. lan mjou.
Delhi	ဒေလီမြို့	dei li mjou.
Den Haag	ဒဟားဂူးမြို့	da. ha gu: mjou.
Dubai	ဒူဘိုင်းမြို့	du bain mjou.
Dublin	ဒဗ်ဘလင်မြို့	da' ba lin mjou.

Düsseldorf	ဂျူဆက်ဒေါ့ဖ်မြို့	gju hse' do. hp mjou.
Florenz	ဖလောရန့်စ်မြို့	hpa. lau jan s mjou.
Frankfurt	ဖရန့်ဖွတ်မြို့	hpa. jan. hpa. t. mjou.
Genf	ဂျင်ဖ်မြို့	gja. ni ba mjou.

Hamburg	ဟန်းဘာဂ်မြို့	han: ba. k mjou.
Hanoi	ဟနွိုင်းမြို့	ha. noin: mjou.
Havanna	ဟာဗားနားမြို့	ha ba: na: mjou.
Helsinki	ဟယ်လ်ဆင်ကီမြို့	he l hsin ki mjou.
Hiroshima	ဟီရိုရှီးမားမြို့	hi jou si: ma: mjou.
Hongkong	ဟောင်ကောင်မြို့	haun: gaun: mjou.
Istanbul	အစ္စတန်ဘူလ်မြို့	a' sa. tan bun mjou.
Jerusalem	ဂျေရုဆလင်မြို့	gjei jou hsa. lin mjou.

Kairo	ကိုင်ရိုမြို့	kain jou mjou.
Kalkutta	ကာလကတ္တားမြို့	ka la ka' ta mjou.
Kiew	ကီးယက်မြို့	ki: je' mjou.
Kopenhagen	ကိုပင်ဟေးဂင်မြို့	kou pin hei: gin mjou.
Kuala Lumpur	ကွာလာလမ်ပူမြို့	kwa lan pu mjou.

Lissabon	လစ်စဘွန်းမြို့	li' sa bun: mjou.
London	လန်ဒန်မြို့	lan dan mjou.
Los Angeles	လော့အိန်ဂျဲလ်မြို့	lau in gja. li mjou.
Lyon	လိုင်ယွန်မြို့	lain jun mjou.

Madrid	မတ်ဒရစ်မြို့	ma' da. ji' mjou.
Marseille	မာဆဲလေးမြို့	ma zei: mjou.
Mexiko-Stadt	မက္ကဆီကိုမြို့	me' ka. hsi kou mjou.
Miami	မိုင်ရာမီမြို့	mi ja mi mjou.
Montreal	မွန်ထရေယဲလ်မြို့	mun da. ji je mjou.
Moskau	မော်စကိုမြို့	ma sa. kou mjou.
München	မြူးနစ်မြို့	mju: ni' mjou.

Nairobi	နိုင်ရိုဘီမြို့	nain jou bi mjo.
Neapel	နေပေါ်မြို့	ni po: mjou.
New York	နယူးယောက်မြို့	na. ju: jau' mjou.
Nizza	နိုက်စ်မြို့	nai's mjou.
Oslo	အော်စလိုမြို့	o sa lou mjou.
Ottawa	အော့တာဝါမြို့	o. ta wa mjou.

Paris	ပဲရစ်မြို့	pe: ji' mjou.
Peking	ပီကင်းမြို့	pi gin: mjou.
Prag	ပရာ့ဂ်မြို့	pa. ra' mjou.
Rio de Janeiro	ရီယိုဒေးဂျန်နီရိုမြို့	ri jou dei: gjan ni jou mjou.
Rom	ရောမမြို့	ro: ma. mjou.

Sankt Petersburg	စိန့်ပီတာစဘတ်မြို့	sein. pi ta za ba' mjou.
Schanghai	ရှန်ဟိုင်းမြို့	shan hain: mjou.
Seoul	ဆိုးလ်မြို့	hsou: l mjou.
Singapur	စင်္ကာပူ	sin ga pu
Stockholm	စတော့ဟုန်းမြို့	sato. houn: mjou.
Sydney	စစ်ဒနေးမြို့	si' danei mjou.

Taipeh	တိုင်ပေမြို့	tain bei mjou.
Tokio	တိုကျိုမြို့	tou gjou mjou.
Toronto	တိုရွန်တိုမြို့	tou run tou mjou.

Venedig	ဝင်းနစ်စ်မြို့	bin: na' s mjou.
Warschau	ဝါဆောမြို့	wa so mjou.
Washington	ဝါရှင်တန်မြို့	wa shin tan mjou.
Wien	ဗီယင်နာမြို့	bi jin na mjou.